国学新读本

老　子

曹　峰 注说

河南大学出版社
·开封·

国学新读本编辑委员会

总策划　马小泉

主　编　李振宏

编　委　(以姓氏笔画为序)

　　　　马小泉　王　健　朱绍侯　刘小敏
　　　　李中华　李振宏　苏凤捷　何晓明
　　　　张云鹏　张富祥　宋会群　杨天宇
　　　　杨寄林　杨朝明　赵国华　郑慧生
　　　　姜建设　袁喜生　曹　峰　曹础基
　　　　曾振宇　戚良德　龚留柱　熊铁基

目　录

序 …………………………………… 李振宏（1）
《老子》通说 ………………………………（1）

一章 ………………………………………（70）
二章 ………………………………………（72）
三章 ………………………………………（74）
四章 ………………………………………（75）
五章 ………………………………………（77）
六章 ………………………………………（78）
七章 ………………………………………（79）
八章 ………………………………………（80）
九章 ………………………………………（81）
十章 ………………………………………（82）
十一章 ……………………………………（84）
十二章 ……………………………………（85）
十三章 ……………………………………（86）
十四章 ……………………………………（88）

十五章 …………………………………………… (90)
十六章 …………………………………………… (92)
十七章 …………………………………………… (94)
十八章 …………………………………………… (95)
十九章 …………………………………………… (96)
二十章 …………………………………………… (97)
二十一章 ………………………………………… (99)
二十二章 ………………………………………… (100)
二十三章 ………………………………………… (102)
二十四章 ………………………………………… (104)
二十五章 ………………………………………… (105)
二十六章 ………………………………………… (107)
二十七章 ………………………………………… (108)
二十八章 ………………………………………… (110)
二十九章 ………………………………………… (112)
三十章 …………………………………………… (113)
三十一章 ………………………………………… (115)
三十二章 ………………………………………… (117)
三十三章 ………………………………………… (119)
三十四章 ………………………………………… (120)
三十五章 ………………………………………… (121)
三十六章 ………………………………………… (122)
三十七章 ………………………………………… (124)
三十八章 ………………………………………… (125)
三十九章 ………………………………………… (127)

四十章 …………………………………………… (129)

四十一章 ………………………………………… (130)

四十二章 ………………………………………… (132)

四十三章 ………………………………………… (134)

四十四章 ………………………………………… (135)

四十五章 ………………………………………… (136)

四十六章 ………………………………………… (137)

四十七章 ………………………………………… (138)

四十八章 ………………………………………… (139)

四十九章 ………………………………………… (140)

五十章 …………………………………………… (141)

五十一章 ………………………………………… (143)

五十二章 ………………………………………… (144)

五十三章 ………………………………………… (145)

五十四章 ………………………………………… (146)

五十五章 ………………………………………… (148)

五十六章 ………………………………………… (150)

五十七章 ………………………………………… (151)

五十八章 ………………………………………… (153)

五十九章 ………………………………………… (155)

六十章 …………………………………………… (156)

六十一章 ………………………………………… (157)

六十二章 ………………………………………… (159)

六十三章 ………………………………………… (161)

六十四章 ………………………………………… (163)

六十五章 …………………………………（165）

六十六章 …………………………………（166）

六十七章 …………………………………（167）

六十八章 …………………………………（169）

六十九章 …………………………………（170）

七十章 ……………………………………（171）

七十一章 …………………………………（172）

七十二章 …………………………………（173）

七十三章 …………………………………（174）

七十四章 …………………………………（175）

七十五章 …………………………………（176）

七十六章 …………………………………（177）

七十七章 …………………………………（178）

七十八章 …………………………………（179）

七十九章 …………………………………（180）

八十章 ……………………………………（181）

八十一章 …………………………………（182）

附录：郭店楚墓竹简本《老子》…………（183）

参考文献 …………………………………（193）

后　记 ……………………………………（196）

序

最近一些年来,一股"国学热"的思潮强劲涌动,在文化学界以至于整个社会上,引起了强烈反响。为什么在这样一个社会的大变革时代,在从传统社会向现代社会的转型期,最为传统的国学,却能引起国人的极大兴趣,这的确是一个值得思考和研究的问题。

"国学"作为一个学术文化概念,产生于近代。从渊源上讲,"国学"概念的产生,与"国粹"有些关联,并且是从对抗西学侵入的角度提出来的。今天,中华民族早已是一个独立于世界民族之林的自立自强的民族,全球经济一体化所带来的世界文化的汇合与交融,也早已是历史发展的必然趋势,而在这样的历史大势中,却会有"国学热"的产生,乍一看来,确有不可思议之处,但实际上,国学的当代走红,则与我们今天所处的历史时代有着一定的关系。

随着改革开放的迅速推进,随着市场经济的强劲发展,传统道德受到了强烈冲击,传统文化与现代文化观念的碰撞也日益强烈。于是,如何看待传统文化的问题,就严峻地提到了国人的面前。传统文化的出路何在,它从何而来,要走向何方,如何对之进行价值重估,一切关心文化问题、有着强烈历史责任感的人们,无不把关注的目光投向中国的传统学术。当然,也不排除一些对改革开放和市场经济所带来的冲击无法理解和接受,对现代经济发展对传统道德的亵渎强烈抗议的人们,自然而然地发出向传统文化复归而倡导国学的呼声。总之,不论是出于积极的思考,还是抱着一种向后看的心态,对国学的重视则成了最近十多年来一种普遍的文化选择。

于是,对待"国学热"就需要有一个分析的态度。对于任何一个民族的发展来说,传统文化都是其牢固的根基,是其一切历史的出发点,摒弃传统、甚至全盘否定传统文化,都是幼稚可笑的,不可取的。但一遇到问题就求助于传统,甚至一味狂热地提倡向传统复归,也是走不通的,过去那句常说的"倒退是没有出路的"话,虽说不是什么至理名言,却也还是有些道理的。这些年来,一些地方出现的中小学生甚至幼儿园小朋友的读经热,就是一种值得注意的倾向。国学,毕竟是一种学术,需要有一定的文化基础,有一定的分析批判能力,才能对之进行识读、鉴别而决定取舍。所以,严格地说,对于国学,尤其是经学,在当代中国,需要的是研究以及在此基础上的批判继承,而不是再像传统社会中那样采取唱诗班的方式,对青少年一代进行无分析的灌输。因此,如何弘扬传统文化,就是一个需要思考的问题。

正是基于以上考虑,为着弘扬优秀传统文化的需要,也为着对社会上盲目崇尚读经的风气有所引导,我们组织了这套"国学新读本"丛书,选择一些在中国传统文化中影响较大的国学典籍,对之进行简明扼要的注释,然后在读本前边,用较大篇幅解读该典籍的基本思想文化内涵,评述其在中国文化史上的地位和影响,并对如何阅读该典籍做出读书方法上的引导。通过这样一个较为翔实的导读内容,以批判分析的态度,给青年人的国学典籍阅读提供一个健康的思想导向。根据这样的宗旨,这套丛书,在大的结构上,每本都分为通说和简注两个部分,通说是导读性质,简注在于疏通文字,希望这样的安排,能够为青年朋友和一般社会读者提供一个国学入门的向导。果能如此,也就实现了撰著者和出版者的愿望。

国学所以是国学,就在于它是我们祖国优秀民族文化和民族精神的载体。在这些国学典籍中,包含着民族文化的基因,蕴藏着民族精神的范型。衷心期待这套丛书能够成为广大读者学习国学精华,体认民族精神,继承祖国优秀文化遗产的良师益友。

李振宏

2008年2月28日

《老子》通说

前　言

如果要在众多中国古代经典中，找出两本非读不可的、最典型的著作，那么，《论语》和《老子》无可争议。

如果要在众多中国古代先贤中，找出两位最杰出的、最具代表性的人物，那么，孔子和老子无可争议。

可以说，每一个中国人身上都有老子或孔子的影子，只不过有的老子的影子多一些，有的孔子的影子多一些。人的一生中，有时老子的影响多一些，有时孔子的影响多一些。而中国历史上的成功者，往往是将两者有机地结合起来，运用自如的人。

可以说，这两部书、两位人物正好代表了古代中国文化的两大侧面、两大基调、两大境界，两种特质、两种性格、两种符号，其他的都不过是其延伸、扩大、转型……而已。从某种意义上讲，中国文化的发展和演变主要是以孔子为代表的儒家和以老子为代表的道家之交响与变奏。他们分别引领的儒道两派，已各领风骚数千年，显然，其影响还将持续下去。

也许你通过研究发现，老子和孔子，《老子》和《论语》的面貌原本并非一成不变,其思想也复杂多样。但经过数千年的解读、领悟、阐发,老子和孔子,《老子》和《论语》已经被标准化、定型化了。也就是说,我们习惯性地认为孔子及儒家、老子及道家分别代表以下这些两两相对的姿态或立场,那就是:阳和阴、男和女、刚和柔、方和圆、显和晦、进和退、有为和无为、理性和感性、一元和多元、拘泥和超脱、拘谨和松弛、说教和调侃、正经和诙谐、矫饰和至性、虚伪和真情、奋发和颓废、积极和消极、热情和冷静……不同的人在不同的场合,对这两种姿态或立场有着不同的理解和感受,因此,对某一方或褒或贬、或扬或抑、或取或拒也属正常。但不管怎样,我们每个人每一天在每一个地方都在重复着、实践着这样的姿态或立场。不管时代如何变化,人物如何更新,故事如何不同,上述两两相对的线索始终贯穿其中,成为历史舞台上基本的、永恒的主题。在中国,虽然各家各派都称自己的学术和思想为"道",但正如《周易》所云"一阴一阳之谓道",只有能够调和阴阳、把握刚柔的"道"才是至高的"道"。《周易》在中国古代能够成为五经之首,与其精神本质能够综合儒道有着很大的关系。

  因此,说老子和孔子这两个人物,《老子》和《论语》这两本书型塑了我们中国人的基本精神,对世界文明产生了巨大影响,是我们今后仍将依赖的思想资源,绝非夸张。

  可以说,孔子和老子能够对中国和世界产生巨大影响,是因为他们关注并试图解答人类本质性的问题,这些问题具有永恒性,每一个时代的人都会面对,都需思考,都以自己的人生在作出回答。但我们发现,孔子和老子思考的角度、观照的视野、回答的方式都是不同的。孔子更多联系实际,关注当下,试图对现实的人生、社会、政治作出具体的指导。所以孔子更像一位可亲可敬的心灵导师,他事无巨细地、不厌其烦地为你作出指点。《论语》中出现了很多具体的人名、地名,有着具体的时代背景,因此,很有现实感。

读《论语》，仿佛一位有血有肉的、充满热情的、既循循善诱又有些絮絮叨叨的长者在为你讲解人生的道理，什么是"礼"，什么是"仁"，他通过各种各样的事例为你反复地作出解释，让你很快就能领会。在现实社会中，你只要遵循他指引的道路走下去就可以了，不需要再做太多的思索。而老子不同，在《老子》书中，你找不到具体的人名、地名，找不到对圣贤之言的引用，其视野超越了具体的时代，他不关心身边的琐事，一副冷峻的面孔，对现实社会这也看不惯，那也看不惯，对当时人类所认可的价值、追捧的时尚充满了冷嘲热讽，甚至有时还会当头棒喝。较之人生的现状，老子似乎更关心世界的本源；较之形而下，老子似乎更关注形而上。孔子告诉你要做什么，老子告诉你不要做什么；孔子正话正说，老子正话反说；孔子拼命维护价值，老子努力打破价值。这样看来，老子在人类文明史上的意义和地位似乎无法和孔子相比，然而，几千年来，人们却尊崇老子，热爱老子，反复地咏诵《老子》、阐释《老子》，这是因为《老子》中充满了智慧。与老子相比，孔子可以算是一个长者，而老子才是真正的智者；孔子可以做楷模，而老子则给你智慧；孔子教你一步步怎么做，而老子告诉你怎么观察、体验和思考；孔子像一个布道者，而老子更像一个旁观者和同情者。老子看上去没有信念和抱负，实际上他有着关注人类整体命运的更深刻的信念和更远大的抱负；老子关心宇宙的本源和世界的本质，实际上是为了了解包括人在内的世界万物存在的原理，探索人类最为合理的生存方式；老子关心形而上，实际上是为了给形而下寻找答案；老子正话反说，是基于他独特的辩证思维，也是为了取得更强烈的语言效果；老子打破现实的价值，是为了寻求终极的价值。从某种意义上讲，老子比孔子站得更高，看得更远。他不像上帝或佛陀，会从精神上拯救你，他是叫你自己救自己。在老子冷峻的外表下，其实含藏着对芸芸众生的大爱之心。

在孔子及其儒学的理论与价值得到新的认可，尊孔读经之风越来越盛的今天，与孔子相比，老子开始被有所冷落，这是不应该的。不读《论语》，不能算是中国人；不读《老子》，同样不能算是中国人。受视野、阅历、修养的限制，我们普通人很少能有老子这样的超越时空的大智慧，在世界日益全球化，人类和自然的关系日益紧张的今天，在某种程度上讲，较之孔子，老子更具大视野，更有世界性，更值得人类回味。

那么，《老子》所讨论的中心问题究竟是什么呢？著名哲学史家劳思光在考察古代思想时，曾提出过一种"基源问题研究法"，其预设是："一切个人或学派的思想理论，根本上必是对某一问题的答复或解答。我们如果找到了这个问题，我们就可以掌握这一部分理论的总脉络。"①劳思光运用这一方法将孟子的基源问题定位于"如何解决价值根源及政权转移"，将墨子思想的基源问题定位于"如何改善社会生活"，将荀子的基源问题定位于"如何建立一成就礼义之客观轨道"，将韩非子的基源问题定位于"如何建立一有力统治"等等，而先秦各家思想都集中于"如何平治天下之乱"。如此就可以将零散的材料，纳入一个以问题为结构的系统之中。这样一种提问方式用在其他思想家身上或许可行，用在老子身上却过于狭隘。《老子》的确谈论治国的问题，但短短五千言的《老子》，涉及的问题却极为丰富而深刻。历代对老子的解释不计其数，可以说是各取所需，哲学家从中看到的是形而上的辩证的思维，统治者从中看到的是"君人南面之术"，政治家从中看到的是明哲保身、立于不败的策略，军事家从中看到的是克敌制胜的计谋，医学家从中看到的是养生长寿之道，艺术家从中看到的是美学

---

① 劳思光：《新编中国哲学史》第一卷，桂林：广西师范大学出版社2005年，第10页。

灵感，失意者从中寻找精神的放松和解脱，得意者从中获取清醒和克制的良方。可见其作为思想资源之深广博大，可以取之不尽、用之不竭，仅仅用"如何平治天下之乱"是难以涵盖的。尽管有多种多样的解释，但笔者觉得还是可以在《老子》中找出一些根本的线索，他关心"天地万物的根源为何"、"自然万有之变化律则为何"、"人类应该如何顺应自然的变化律则"、"人类应该如何合理地生存下去"，这些都是超越时空的、可以放之四海的、历久弥新的问题。他不为眼前的善与不善、对与不对所束缚，不做那些明察是非的判断，不同于那些有意识地保护一部分人、打击另一部分人，满口仁义道德、自诩正义化身的统治者，不同于那些作出精明计算、有着明确目标的社会管理者。

相当多的学者认为《老子》的中心问题是"道"，这个回答看上去并无错误。"道"的确是《老子》思想中最为重要的概念，但问题在于，《老子》为何要创造、阐述"道"这个概念，看上去"道"玄虚而不可捉摸，但《老子》讲"道"不是为了故弄玄虚，他将"道"开显给人看，就是希望人能遵循"道"的方式活下去。所以，归根结底，《老子》的中心问题是对人的重视，希望找到人最合理、最自然、最具有尊严、最坦坦荡荡、不患得患失的活法。

人类社会之发展历程虽然千变万化，不同社会之生存方式也千差万别，但有一些根本问题是一样的或者说永远存在的，即首先如何在自然世界中生存，其次如何在社会环境中生存，最后如何在精神家园中生存。这里面涉及人生的目标、欲望的满足、生存的状态和与社会秩序的冲突。可以说，孔子也在考虑这些问题，但老子是从"道"的高度探寻解答的方式，揭示人类生活中深层的困境，提出他特殊的救世之道，所以拥有一种带普遍意义和根本意义的智慧。

一 老子其人其事其书

孔子生于公元前551年,卒于公元前479年。老子不像孔子,有具体的年代和事迹可考,就像他描述的"道"一样,老子的面目是模糊而玄虚的。谁是他的老师、谁是他的弟子,《老子》书中没有任何交代,他仿佛是个横空出世,又不知所终的人。中国思想史上这么一位重要的人物,历史记载却少得可怜。《史记》没有给老子单独列传,并非不予重视,司马迁在《太史公自序》中,引述他父亲司马谈的《论六家要旨》,对先秦的主要学派——点评,其他各家都是有长有短,唯独道家是最高学问,没有任何缺点。老子是道家的创始人,按说应该详细记载才是。看来博览群书、走遍中国的司马迁也实在搜集不到多少老子的资料,只好将他的传记和别人合在一起。《史记》的《老子韩非列传》其实讲了四个人,即老子、庄子、申不害、韩非,其中韩非的记载最多,关于老子,只有寥寥五百字,却涉及三个人物,即李耳、老莱子和周太史儋,这三个人都可以成为"老子"的候选人。

关于李耳,司马迁说:"老子者,楚苦县厉乡曲仁里人也,姓李氏,名耳,字聃,周守藏室之史也。"接下来,司马迁记录了一段孔子拜见老子,向他问"礼"的场景,老子对孔子说:"去子之骄气与多欲,态色与淫志,是皆无益于子之身。吾所以告子,若是而已。"就是说你这个人欲望多、野心大,有骄纵之气而且喜怒形于色,这都对你没有好处,必须去除。我要给你讲的,只有这些。这完全是一副训斥的口吻。而孔子仿佛见到了圣人,对弟子说:"吾今日见老子,其犹龙邪!"将老子夸作神龙。从这段话中可以读出的比较有价值的信息是:一,老子是楚国人;二,老子是春秋末年的人,大约与孔子同时,比孔子稍长;三,他的官职是"周守藏室之史",类似于今天的中央档案馆或图书馆馆长。有的学者认为,孔子拜见老子不能当真,很可能是道家信仰者为宣传道家远胜儒家而编造出来的故事,故意让儒家创始人孔子在道家创始人老子面前甘拜下风。但孔子向老子问"礼"之事不仅见于《史记·老子韩非列传》,也见于《史记·孔子世家》、《庄子》、《荀子》、《吕氏春秋》、《韩非子》、《礼记》、《韩诗外传》等文献,所以也有不少学者相信与孔子几乎同时的老子确实存在,并作了详细考证。如高亨先生认为《左传》所载东周时的老阳子即为老子,老子大约生于公元前571年,比孔子年长20岁,中年时遭权贵迫害,一度避难于鲁国,孔子问"礼"就发生于此时。老子后来又回到周王朝,公元前516年,周王朝发生内乱,老子约在此时离开洛阳,西出函谷关,最终流落并客死于秦国。所以,著写《道德经》是老子五十多岁以后的事。①

有一种说法认为老子不是西去而是东归。《庄子·天道》有一段记载,叙述老子离职后便离开周室"归居"故乡,根据后世的注释,其故乡大约在现今的河南省鹿邑县,此地离孔子故乡曲阜不远。这段记载中也有孔子拜访老子的内容,从地理上讲,这种可能性是存在的。

《老子韩非列传》也简单地记录了《老子》一书的来历:"老子修道德,其学以自隐无名为务。居周久之,见周之衰,乃遂去。至关,关令尹喜曰:'子将隐矣,强为我著书。'于是老子乃著书上下篇,言道德之意五千余言而去,莫知其所终。"就是说,老子目睹周王朝的衰败,失望地离开首都洛阳,准备隐居。到了边关时,被负责边关守备的长官"尹喜"强留下来,让他著书立说,于是才有了"五千余言"、分为上下两篇的一本书。看来这部对中国乃至世界产生巨大影响的书籍居然是被逼出来的。至于老子的最终归宿,

---

① 高亨:《关于老子的几个问题》,《社会科学战线》1979年第1期。

司马迁只用了五个字形容,"莫知其所终"。

司马迁并未指明此关位于何处,后世有传说称老子是西出函谷关,被关令尹喜强而著书后,就骑着青牛,继续西行,没了消息。也有传说称老子是西出散关,经流沙奔印度而去,在印度传教,带出了释迦牟尼这样的弟子,不用说这一定是道教为了抬高自己贬低佛教而捏造出来的。也有传说称晚年老子在甘肃临洮落脚,教归隐之人练内丹,养生修道,得道后在临洮超然飞升,这种传说也一定和道教有关。

上述《史记》记载,非但信息少得可怜,而且不可完全相信,除了孔子拜老子真假莫辨外,说李耳字聃,苦县厉乡曲仁里人,这些信息也都值得反复吟味。"聃"有大耳长寿之意,《老子韩非列传》就说"盖老子百有六十余岁,或言二百余岁,以其修道而养寿也"。"苦"表示苦涩,"厉"是一种疾病,"曲仁"则有批判"仁"的意思,所以这些信息很可能都是虚构而且别有用意的,和《老子》内容相关。大耳暗示养生和长寿,苦涩、疾病可能暗讽现实社会,"曲仁"则暗含对社会价值的否定。

老子信息如此之少,也是可以理解的。就像《老子韩非列传》所言,"其学以自隐无名为务",就是说老子生前就刻意低调,强调"自隐"、"无名",不希望建功立业,扬名后世。可以说"无名"、"养生"、"隐居"是道家信奉者的三大特色,明代的道教人物张三丰以长寿和武功非凡著称,但同样是一个谜一样的人物,其事迹模糊而玄虚,刻意制造出"神龙见首不见尾"的气氛。

关于老莱子,《老子韩非列传》只留下一句话:"或曰:'老莱子亦楚人也,著书十五篇,言道家之用,与孔子同时云。'"既然此人也是楚人,也和孔子同时,那就很有可能与"李耳"有些关系。通过研究地下出土的楚简,可以发现,楚系文字中"李"的写法,上从"来"下从"子","来"与"李"都是来母之部字,古音相近,著名学者李零先生据此认为"老莱子"很可能就是"老李子","老"和"子"均表示敬称,这样"老莱子"就可以和李耳(老聃)合二为一了。至于《老子》、《史记》所言老莱子"著书十五篇"及《汉书·艺文志》所载之《老莱子》十六篇的关系,李零先生认为"它们可能类似古书之分内外篇,是一种前后续写、相互补充的关系。只不过前者大行于世,有各国写本,遂具天下共享的'李'氏之名;而后者主要流行于楚,仍保存着楚'李'字的特殊写法,遂以'老莱子'为名"①。

关于太史儋,《老子韩非列传》说:"自孔子死之后百二十九年,而史记周太史儋见秦献公曰:'始秦与周合,合五百岁而离,离七十岁而霸王者出焉。'或曰儋即老子,或曰非也,世莫知其然否。老子,隐君子也。"看来对于这位进入战国中期的"老子",司马迁表示怀疑,"世莫知其然否"。但既然有人称"儋即老子",司马迁就以科学的态度记录下来,留待后人考证。两千年过去了,至今没有结论。

笔者以为,文献记载的内容,除去那些值得怀疑的部分,真正有价值的是两点。第一,老子是楚人。我们知道,楚国是一个具有浪漫色彩的国度,虽然楚国也引进、推崇、学习、消化儒家文化,但其文学和哲学充满了想象力,有时甚至看上去荒诞不经,和北方的规矩务实大为不同,老子、庄子、屈原会诞生在这个国度,并不奇怪。第二,老子的身份是周天子身边的史官,虽为在官者,却不是执行者。这样的身份使他容易成为一个冷静的旁观者,而不是一个热情的投入者。这个身份从知识结构上看,他应该上知天文、下知地理,既洞察天道、自然,又关注历史、人文。史官身份的老子看

---

① 李零:《郭店楚简校读记》(增订本),北京:中国人民大学出版社,2007年,第252~261页。

惯存亡兴衰，阅尽人间沧桑，虽看破红尘，却仍有良心，虽理想破灭，但仍不甘心；他可以自由地感悟历史，随意地批判政治，眼界较普通人更开阔、更深远、更理性、更无情，而这些特征和《老子》的思想内涵正相吻合。孔子则不同，他远离天子，身在野，所以能成为一个理想家；虽然对周围现实不满，但却维护天子尊严，所以能得到后世君王的喜欢。孔子不可能像老子那样在天子周围近距离观察周王朝政治的崩坏，他一生风尘仆仆，积极求官，穷其一生要实现人生理想，表现出对价值理想的执著和对政治权力的期待。而老子的人生轨道却正好相反，可以想象，他的学问和智慧发轫于距离权力较近的平台上，能够平视权力。他看透了权力系统运行的结果，不再以理想的态度对待以伦理价值为基础的政治文化，对不完美的社会现实也不再抱苛求的态度，对伦理价值不再执著，对待权力也能够收放自如，对政治失望的最终结果是辞官述道。这样的人生阅历成就了完全不同的两位圣人，孔子成为政治的理想家，老子成为政治的批判家。

在某种程度上讲，找出老子真正的生平和事迹其实没有太大的意义，因为后世已根据他们对《老子》的理解重新塑造了一个老子。这个老子活在人们心中，其形象随着时代的变迁也在不断的变迁之中，一千年以后的老子会是怎样一种形象，我们难以想象，但有一点是肯定的，他依然会活在人们心中。

老子这位"隐君子"其人其事扑朔迷离，其书同样充满悬念。如果《老子》真是老聃应关令尹喜之请所作，那么作者即为老聃本人，成书时代当在春秋晚期。但此书果然是成于一人一时一地吗？20世纪以后，秉持"疑古"精神的学者对此大为怀疑，他们认为这部充满格言警句，由韵文构成，朗朗上口、如诗一般，思想丰富深邃，具备完整体系的书籍不太可能由某一个人在某一个地方一挥而就。例如，中国的梁启超、顾颉刚、钱穆、刘节，日本的津田左右吉、木村英一等学者将先秦诸子和历史文献做了大量比较，认为《老子》当成书于战国时期，甚至晚于《庄子》，进入汉代才最终成书。

1973年，从湖南长沙马王堆汉墓发掘出来的帛书中有《老子》的两个抄本，一般称之为《老子》甲本和《老子》乙本，甲本使用的文字是篆书，乙本使用的是隶书，但这两本书并不自称《老子》，而是分为上下两篇，上篇自称为"德"，下篇自称为"道"。因为今天通行的版本（以下简称"今本"）又被称为《道德经》，所以不妨将马王堆帛书《老子》称作《德道经》。虽然上下篇次序与今本正好相反，而且用词和今本也有所不同，但总的来讲，马王堆帛书《老子》和今本相比，结构上、内容上的相同处要远远多于不同处，都为上下篇结构，都是81篇，而且每一篇的内容也大致相同。马王堆汉墓建造于汉初，而能够抄写到丝织品上的内容，往往是流传已久、影响甚大、极为珍贵的书籍，可见，《老子》至少在战国晚期已经确定了基本结构。从历史文献看，这一点也能得到证明，《韩非子》中有《解老》、《喻老》二篇，《庄子》的外、杂篇，《荀子》、《吕氏春秋》也多次提及老子并引用《老子》之言，这些书籍大多形成于战国晚期到汉初。可见在战国晚期，《老子》一书的影响已经很大了。

近年发现的楚简本《老子》对《老子》成书的研究起到很大的推进作用。1993年湖北荆门郭店村出土了大批用战国时代楚系文字书写的竹简书籍，其中就有《老子》。根据竹简的形制，整理者将其分为甲乙丙三篇，与今本相对照后，我们发现，其总体分量只有今本的三分之一，可以分出33组，大约有31章可以和今本对应，能够完整对应者大约是23章，其余章节只有今本的三分之一或三分之二。其中今本六十四章的内容散见于三个地方，有两处内容大体重复。楚简本《老子》未见"道"篇和"德"篇之分。可以对应的部分除了字词和语句次序有所不同外，与今本相比，并没有太显著的差异。

那么，该如何看待楚简本呢？因为郭店楚墓的考古学年代相当于战国中期偏晚，而墓中随葬的书籍形成的年代至少要比下葬的时间早，所以相当多的学者认为，《老子》作为一部书籍至少在战国早期甚至在春秋晚期就已经形成，楚简本只是摘抄本。就是说，墓主出于研究、教育或者学习的目的，甚至仅仅出于喜好，将自己需要的部分摘抄了下来，并根据某种方式，将摘抄的内容分作了三篇。如果真的是这样，楚简本就为《老子》战国早期形成说甚至春秋晚期形成说提供了考古学上的证据。

然而，也有学者提出不同意见，他们认为楚简本只是《老子》的早期文本之一，只是《老子》形成途中的一个本子。因为其整体只有今本三分之一，不少章节的内容只有今本三分之一或三分之二，未分出"道"、"德"二篇，而是分成体系不明的三篇。何况，和楚简本《老子》丙本合抄的还有一部颇具术数色彩的《太一生水》，《太一生水》有可能本来就是楚简本《老子》的一部分。这说明战国中期时，《老子》尚未完全成形，其文本形态还处于变动之中。

这样看来，楚简本虽然推进了《老子》的成书研究，却还不是一锤定音的绝对证据。要想彻底解决这个问题，还有待于今后更多的考古发现。当然，如何定义"成书"，也是一个值得考虑的问题。有的学者觉得只要有部分内容在某一时代出现，就可以认定此书在那个时代已经出现并流行。有的学者提出，一定要确定主要章节、基本框架、中心思想已全部出现，才认可成书。因为"成书"定义不同，不仅《老子》，关于很多先秦古籍的争议将永远持续下去。

笔者以为，从逻辑上看，在某一时代突然出现某位圣人（如孔子、老子），提出某些核心的、划时代的思想是有可能的，但如果说，其著作是他们自己一挥而就，或在他们生前死后很短的时间内就已成形，则不能不表示怀疑。相信《老子》五千言就是老子出关前应关令尹喜的要求而做，未免幼稚。如本书所要分析的那样，《老子》思想博大精深，其语言极为凝练生动、如诗如歌，很难相信它成于一人一时一地，应该有一个形成过程，即思想上更为系统、深化的过程，语言上不断吸纳民间谚语、千锤百炼的过程。可能会有一两个被尊称为老子的主要作者或整理者，但此书吸收、融会了其他道家信奉者、实践者或其他学派的智慧，也完全可以想见。因此，说《老子》中有庄子甚至荀子的影子，这并不奇怪，因为这个《老子》已非春秋时代那个老子的《老子》了。因此，我们不能将老子看做一个个体，而应看做一个集合体；不能视其为具体的形象，而应视其为类似形象的代表。

楚简本《老子》和帛书本《老子》的出现，不仅有助于《老子》成书时代问题的研究，也有助于解决一些版本和注释上长年争讼不清的问题。

例如今本五十五章有"含德之厚，比于赤子。蜂虿虺蛇不螫，猛兽不据，攫鸟不搏"。这是说有德之人就像婴儿一样，蜂、虿、虺、蛇等各种毒虫都不去螫他，猛兽不用爪子去扑他，猛禽不用爪子去抓他。"蜂虿虺蛇不螫"，汉代注本河上公本作"毒虫不螫"。后世有很多学者认为"蜂虿虺蛇不螫"是河上公对"毒虫不螫"所作的注，因此将"蜂虿虺蛇不螫"直接改为"毒虫不螫"。但楚简本和帛书本一出来，就知道这样做不对。此处，虽然用字稍有不同，但楚简本和帛书本都作"蜂虿虺蛇不螫"。可见过去的种种考据都靠不住了。

例如今本六十九章有"用兵有言，吾不敢为主而为客，不敢进寸而退尺。是谓行无行，攘无臂，扔无敌，执无兵"。这一章讲用兵之道当取守势，不要主动挑起战争。布阵，像是没有确定的形态；举着臂膀，像是没有臂膀；举着兵器，像是没有兵器。至于"扔无敌"，过去一般解释为"与敌对抗，像是无敌可对"，总觉得有些牵强。此处帛书本作"是谓行无行,攘无臂,执无兵,乃无敌矣",非常合乎情理,表明正确的顺序应该是"行无行,攘无臂,执无兵",此为因,"乃无敌矣"则是果。

例如今本八十章有"小国寡民。使有什伯之器而不用,使民重死而不远徙"。"什伯之器"过去多以为是兵器。此处,帛书本作"使有十百人器而勿用"。可见"什伯之器"指十倍、百倍于人工的器物,即先进的机器。这反映出老子这里不是反战,而是要否定那些促使人欲膨胀的"奇巧淫技"。

再如六十一章最后部分,河上公本、王弼本作"故大国以下小国,则取小国。小国以下大国,则取大国。故或下以取,或下而取"。传世古本傅奕本作"则取于小国"、"则取于大国"。按这两个版本去理解,"大国以下小国"和"小国以下大国"全无不同,这样最后两句"或下以取,或下而取"就讲不通,而帛书本作"故大国以下小国,则取小国。小国以下大国,则取于大国。故或下以取,或下而取"。前句无"于",后句有"于",意思马上分明。整句意为:故大国对小国表示谦下的姿态,就可取得小国归附。小国对大国表示谦下的姿态,就可取得大国的信任和见容。所以有时是大国谦下使小国归附,有时是小国谦下使大国宽容。

楚简本《老子》和帛书本《老子》的出现,也成为检验学者水平的一个极好机会。仍以六十九章和六十一章为例,马叙伦曾经指出,六十九章中"行、兵、臂、敌,相间为韵"[1]。因此,他从用韵的角度分析此处正确的次序应该是"行无行,攘无臂,执无兵,扔无敌",帛书本证明了他的判断是正确的。马叙伦曾经指出,六十一章中"似上句应无'于'字,下句应有'于'字"[2],帛书本也证明了

---

[1] 马叙伦:《老子校诂》,182 页。出版信息详见本书最后"参考文献"。
[2] 马叙伦:《老子校诂》,167 页。

他的论断是正确的。

今本二十一章有"自古及今,其名不去,以阅众甫。吾何以知众甫之状哉?以此"。关于"众甫"的意思,俞樾曾作过推断,"甫与父通,众甫者众父也。……众父者,犹云万物母,天下母也"①。"以阅众甫。吾何以知众甫之状哉",帛书本作"以顺众父。吾何以知众父之然哉",这证明了俞樾的眼光极为精准。再如,今本二十章的"众人皆有以,而我独顽似鄙",俞樾曾经指出"似"当读为"以",古"似"、"以"通用。② 也就是说,"以"在这里当连词用,"顽似鄙"意为"顽且鄙"。帛书本此处作"我独门③顽以鄙",也证明了俞樾之说的准确。还有,今本三十章的"善有果而已,不敢以取强",俞樾断定"敢"字是衍文④,楚简本作"不以取强",帛书本作"毋以取强焉",又一次证明俞樾此说不误。这一类的例子还有很多,每每让人佩服。当然,俞樾并不是每说必中,因出土文献的出现而否定其说的例子也是存在的。不管怎样,出土文献成为过去注家可信与否的试金石,却是不能否认的。

由于《老子》的重要性,历代版本极多,注释极多,古今中外的研究论著更是汗牛充栋,穷尽一生也不可能读完,虽然大多数并不值得一读,但精辟之作仍不计其数。如果一定要从中选择,加以介绍,笔者以为,当代学者中,就版本而言,日本学者岛邦男先生的《老子校正》对各种版本作过详尽收罗和比对,比较有价值,可以参考。就老学研究的历史而言,熊铁基、马良怀、刘韶军三位先生的《中国老学史》有较全面的论述,值得参考。但此书的局限是只

---

① 俞樾:《诸子平议》,第148页。出版信息详见本书最后"参考文献"。
② 俞樾:《诸子平议》,第147页。
③ "门"可能是个衍字,参见二十章注解。
④ 俞樾:《诸子平议》,第150页。

到清代为止,没有涉及现当代。我们一般将三国时代形成的王弼本作为通行本使用,称其为今本,楼宇烈先生的《王弼集校释》,是王弼本及王弼思想研究的权威著作,值得参考。刘笑敢先生的《老子古今》上下卷综合楚简本、帛书本、河上公本、王弼本、傅奕本加以对勘,既集中了历代重要学者的主要观点,也融会现当代大家的许多精辟见解,时而加入作者自己的独到论述,整理系统,信息量大,评说公允,值得参考。本书注译部分主要引述楚简本、帛书本、河上公本、王弼本、傅奕本五个版本,以刘笑敢的《老子古今》为主要依据。以上书籍均已列入本书最后的参考文献中,这里不再出注介绍出版信息。

二 老子的"道"

毫无疑问,"道"是《老子》最为中心的概念,在帛书本中"道"出现了71次,今本中出现了76次,是使用频率最高的概念。但如果问"道"究竟是什么,却是一个幼稚的问题。因为《老子》反反复复地讲"道"像什么,"道"不是什么,"道"在何处,"道"有什么用处,但却从来不讲"道"究竟是什么。如果用现代的语言来表达,老子认为,第一,"道"不可能用普通的语言表述出来。第二,"道"不可能被普通的感觉器官所感知。第三,"道"不可知,它不能成为知识学习的对象,无法用判断、推理求得。

老子说"道可道,非常道"(一章),又称道"不可名"(十四章)、"道常无名"(三十二章)、"道隐无名"(四十一章)。这指的是能用普通语言来说明的"道"只是普通之道,而非恒常的、绝对的、真正的道。老子坦言,他自己也不知道"道"的本名是什么,要给它命名实在是件困难的事情,"吾不知其名,字之曰道,强为之名曰大"(二十五章),古人有名有字,名为主,字为次,名反映本质,字是别名,是与本名相关的另一种表达方法。老子没有能力为之命名,就只好用"道"这样一个别名暂时"假借"或"指代"。如果硬要为之命名,只能用一个"大"字,从老子"强为之名"的表达方式看,"大"依然无法代表"道"之实质的全部,只能算是实质之一,这种类似"大"的名称,其他还有"一"、"无"、"小"、"常"、"朴"、"玄"等等。

"道"不仅"无名",而且"无形",无法通过感官经验获知认识。用老子的话来说,"其上不皦,其下不昧"(十四章),既不光亮,也不阴暗。"道之出口,淡乎其无味,视之不足见,听之不足闻"(三十五章),"迎之不见其首,随之不见其后"(十四章),"无状之状,无物之象"(十四章),没有普通物体的形状,也没有普通物体的相貌。老子还借用"夷"、"希"、"微"这类表达状态的词,来描述"道"之不可把握。"视之不见名曰夷,听之不闻名曰希,搏之不得名曰微"(十四章),即人的视觉、听觉、触觉在"道"面前都不起作用。所以,从外在看,"道"无形无象,无声无音,即便有形有象,有声有音,也超越了感知所及的范围。有人认为老子的"道"是一种纯粹的"无"、绝对的"无",其实不对。老子说:"道之为物,惟恍惟惚。惚兮恍兮,其中有象。恍兮惚兮,其中有物。窈兮冥兮,其中有精。"(二十一章)可见,"道"并不是什么都没有,它还是有"物"、有"象"、有"精"的,然而其"物"、其"象"、其"精"却幽暗深远,恍恍惚惚,飘逸不定,不具有确定性,超出了普通人所能感知的范围。老子又说"大音希声,大象无形"(四十一章),"希声"是听不见的声音,"无形"是看不见的形状,换言之,道之形象乃大象,道之声音乃大音,普通人岂能听得见、看得到、摸得着?因此,用语言来说明"道",只能适得其反,与道渐行渐远。

普通人只能认识可见、可闻、可触的形象,只能处理感觉器官感知范围内的信息,老子认为这种有限的知识非但不能帮助你认识"道",反而会成为体"道"的妨碍。所以,他得出了一个近乎不可思议的结论:"为学日益,为道日损。"(四十八章)就是说,对为学者而言,必须不断地增长知识,对为道者而言,却必须不断地削除那些妨碍体"道"的一般知识、观念和价值。

既然"道"不可描述,难以感知,无法通过知识获取,在时间上没有开端和终结,在空间上不可衡量,那么,作为世界根本原理的"道"该如何表达呢?老子想了很多办法,他有时是"强为之名",有时是利用人们已有的知识、体验、周围的环境和事物,从各种各样的角度去模拟,去象征,去比喻,如"冲"(四章)、"不盈"(四章)、"帝之先"(四章)、"谷神"(六章)、"玄牝"(六章)、"水"(八章)、"大象"(三十五章)等等,帮助人们暂时地、形象地、直觉地去体会"道",感悟"道"。

"道",在先秦文献中极为常用,如"天道"、"地道"、"人道"等等,原意为人行必由之路,引申为人必须遵循的准则、规律,老子第一个将它提炼抽绎出来,使之成为独立的哲学范畴。"道"与西方哲学中的"纯粹概念"有些类似,因为它剥离了经验性的因素和感性的因素,成为抽象的、本质的、绝对的存在,具有无所不在、无所不能的特征,获得了普遍性的形式。但是,如果用西方哲学的逻辑规定性来规范"道",却非常为难。因为在西方哲学中,一个范畴必须是可以用语言说明的、具有确定性的存在。古希腊哲学家苏格拉底指出:"应该抛弃任何一个用未经解释或未经承认的名辞来说明的答案。"[1]就是说,任何一个概念如果不能用语言进行解释,不能在知识结构中作出推理和论证,就缺乏存在的正当性。当我不知道它究竟是"什么"时,也就不能知道它"如何"。但是,类似

---

[1] 北京大学哲学系编:《古希腊罗马哲学》,北京:商务印书馆,1982年,第167页。

"道"这样的范畴,中国古代哲学中还有很多,例如"气"、"理"、"心"、"性"等等,其外延也是模糊、游移的,无法通过演绎和归纳加以界定。

虽然无法对"道"作出逻辑界定,仅有结论,没有论证的过程,但并不能因此认定老子不是哲学家,中国古代不存在哲学。我们不能将西方哲学的理论和框架生搬硬套到老子身上,相反,我们可以通过老子,探讨中国哲学区别于西方哲学的体用合一的实践哲学特征及其特殊的表达方式。就是说,我们会发现中国哲学不是一种纯粹的思辨哲学,而是将宇宙论、本体论、工夫论、境界论融为一体,具有实际价值和操作功能的哲学。中国哲学较少展开概念、命题、推理式的论证,而更多借用格言、比喻、寓言、问答等方式来论证。本文的论述,也可以说是借助老子展开的关于中国哲学特征的论述。

既然"道"无从感知,难以名状,无法学习,那老子论"道",岂不枉费心血?老子认为,"道"不可言说,却不得不说,作为万物之源、天下之主,"道"对于宇宙、对于人类至为重要,必须借助"道"来回答一些对人类而言最为根本的问题。当文明发展到一定程度时,每一个民族都会关心一些重大问题并寻求解答,这就是哲学意识的发生。文化不同,寻求解答的方式也会有所不同,但那些重大问题往往是相似的,例如宇宙是如何起源的,世界是如何构成的,世界是否具有统一性,人怎样生存才最为合理等等。在我们今天的人看来,老子是通过"道之体"和"道之用"两个方面来论述这些问题的,这里首先谈"道之体"。

所谓"道之体",指"道"具有不同于一般事物的根本性特征,这些特征使"道"成为宇宙万物的总根源、总规律、总动力,使"道"成为绝对的原理和永恒的存在。例如以下这一章就将"道"描述为天地出现以前的存在和万物生成之母。

>有物混成,先天地生。寂兮寥兮,独立不改,周行而不殆,可以为天下母。吾不知其名,字之曰道,强为之名曰大。大曰逝,逝曰远,远曰反。(二十五章)

正因为"道"先天地生,当然就不同于万物。它混沌不清、没有名字、不可界定、不可言说、没有形象、没有声息,自古及今一直独立存在,不会改易,同时不停地、周而复始地运行着,其运行虽然会逝去,会变得遥远,但最终会返归还原。

前文曾引述二十一章的部分内容,以表明"道"无法通过感官经验获知,这里引述全文,以作进一步的说明。

>孔德之容,惟道是从。道之为物,惟恍惟惚。惚兮恍兮,其中有象。恍兮惚兮,其中有物。窈兮冥兮,其中有精。其精甚真,其中有信。自古及今,其名不去,以阅众甫。吾何以知众甫之状哉,以此。(二十一章)

这是说,"孔德"(大德)只从属于"道","道"这种东西,恍恍惚惚,深远暗昧,似有似无,难以把握。但其中有形象在,有东西在,蕴藏着"精",也就是本质性的、关键性的东西,这种本质性的、关键性的东西是最为真实和可信的。自古及今,"道"的名字永远不会抹去,我们必须通过"道"观察、认识万物之始。因此,"道"的精微深远、幽隐玄妙,正是"道"区别于"物"的特征,如果我们能够通过感官感知,那它就不具备超越性和绝对性了。然而,万物来自于"道",要想真正认识万物,还是必须首先认识"道"。

这种"道"生万物的论述,也见于其他篇章。

>道生一,一生二,二生三,三生万物。万物负阴而抱阳,冲气以为和。(四十二章)

>天下万物生于有,有生于无。(四十章)

"一"表示混沌未开,天地未分的状态,"无"则代表"道"的"无名"、"无形"、"无欲"、"无为",如前所述,这两个字也常常用来指代"道"。上面这两段话,看上去像是宇宙生成论,但这不是物理学意义上的生成论。"道生一"及"有生于无"不完全等同于时间上"道"在前,"一"在后,"无"在前,"有"在后,更是一种逻辑上的先后。老子要表达的是普遍的、抽象的宇宙生成、演化公式,反映的是对宇宙从无到有、从少到多、从简到繁之演化过程的推论。由此,世界被区分为形而上和形而下的、本体的和现象的两个部分:本体世界是独立的、绝对的、永恒的、无限的、不依赖于现象世界的存在;相反,现象世界则是有待的,有限的,依赖于本体世界才得以产生、存在和运行。

"道"不仅是万物生成的总根源,同时也是万物存在的总依据,这可以通过以下这段话得到明确的表达。

昔之得一者,天得一以清,地得一以宁,神得一以灵,谷得一以盈,万物得一以生,侯王得一以为天下贞。其致之,天无以清将恐裂,地无以宁将恐发,神无以灵将恐歇,谷无以盈将恐竭,万物无以生将恐灭,侯王无以贵高将恐蹶。(三十九章)

这是说自古以来,如果得"一"(亦即得"道"),天就能清明,地就能稳定,神因而有灵,河流因而丰盈,万物因而生育,侯王因而成为天下首领。相反,如果不能够得"道",那么,天将会崩裂,地将会震动,神将会绝灭,河流将会枯竭,万物将会灭绝,侯王将无法保持首领的地位。天地、神灵、河流、万物、侯王,对人类而言,几乎都是最为重要的存在,而"道"则超越这些存在,成为这些存在的发动者和引领者。老子以明确的口吻表示,顺"道"者昌,逆"道"者亡。

后世的道家,对"道"是万物存在的总依据这一点,不遗余力地加以宣扬。类似表述极多,这里试举数例。

道也者,动不见其形,施不见其德,万物皆以得然,莫知其极。(《管子·心术上》)

道也者……人之所失以死,所得以生也。事之所失以败,

所得以成也。凡道，无根无茎，无叶无荣。万物以生，万物以成。(《管子·内业》)

上道高而不可察也，深而不可测也。显明弗能为名，广大不能为形。独立不偶，万物莫之能令。天地阴阳、[四]时日月、星辰云气、蚑行蛲动、戴根之徒，皆取生，道弗为益少；皆反焉，道弗为益多。(《马王堆帛书·道原》)

既然"道"既是万物的总根源，又是万物存在的总依据，那么，这个"道"是否类似于西方基督教的"上帝"呢？老子说过，"吾不知谁之子，象帝之先"(四章)，就是说，我不知"道"从哪里产生出来，似乎"道"在上帝这种神灵之先。关于这个问题，笔者以为，刘笑敢先生的分析是中肯的。刘笑敢先生认为，这表明，老子没有否定上帝的存在和作用，但是否定了上帝作为万物主宰的地位。很多描述上帝的词汇，如"唯一的"、"纯粹的"、"整体的"、"永恒的"、"不朽的"、"绝对的"、"不受任何影响的"、"无限深远的"、"内在于万物的"、"超越的"、"不可言说的"等等，都可以用来描述"道"的特性，"但一涉及人格问题、意志问题、目的问题、精神问题，上帝与道就毫无共性可言。我们似乎可以说，道是无意志、无目的、无情感的上帝，而上帝是有意志、有目的、有情感的道"。"我们或许可以简单地说上帝是人格化的道，而道是非人格化的上帝。"①因此，"道"虽是万物的总根源、总依据，却不是万物的救世主。老子和基督教虽然同样关心那些对人类而言最为重大的问题，但寻求解答的方式不同，老子虽然创造出了"道"这个独特的概念，却是在作理性的思考。"道"和宗教无关，只有到了"道"这个概念被道教利用，老子本人被塑造为神仙时，两者才挂起钩来。

---

① 刘笑敢：《老子古今》上卷，第124～125页。出版信息详见本书最后"参考文献"。

"道"是万物的总根源、总依据,是一切现象的终极原因、一切运动的根本动力。但从表面上看,这似乎和人们的日常生活没有直接的关系,除了哲学家,普通的人并不需要讨论那些艰深的问题,除非老子可以成为顶礼膜拜的对象,可以直接给人们带去心灵的慰藉。前面已经说了,老子一开始并不是神仙,他的"道"也超越了上帝。但显然,中国人相信老子的"道"和现实生活有着密切的关系,"道"无处不在,按照庄子的说法,道甚至在屎溺之中,这就是"道之用"。可以说,较之"道之体","道之用"更体现出老子哲学的特色。

　　前面已经指出,老子将世界划分为两个部分,即形而上的"道"的世界和形而下的"物"的世界、本体的"无"的世界和现象的"有"的世界。"道"的世界无形无名,"物"的世界有形有名;"无"的世界混沌幽暗,"有"的世界清晰有序。"道"的世界表现为统一和整体,"物"的世界表现为个体和分散;"无"的世界代表自然,"有"的世界代表文明建构、人伦生活。这两者既判然有别,又相互打通。"道"既超越万物之上,又包含在万物之内,使万物得以存在(日用而不知)。老子论述"道之体",是为了引出"道之用";论述形而上,是为了指导形而下;论述"无",是为了实现"有"。归根结底,论述"道",是为了帮助"人"。人类可以不知道"道"是什么,却不可以不知道"道"的作用方式和运动原理,将之作为一切行动的指导。前面说过,"道"的原意为人行之必由之路,引申为人之必须遵循的准则、规律。老子将"道"作为中心概念,或许与他希望为人类指引一条大道也有关吧。

　　那么,"道之体"和"道之用"是如何打通的呢?老子认为,道作为万物存在、发育、生长的总依据,其职能由"德"体现出来。"道"具有玄远之性格,不能与人事直接发生关系,"道"必须透过"德"才能落到实处,并具有人文的意义。这层含义在五十一章中表现得最为明显。

> 道生之，德畜之，物形之，势成之。是以万物莫不尊道而贵德。道之尊，德之贵，夫莫之命而常自然。故道生之，德畜之，长之，育之，亭之，毒之，养之，覆之。生而不有，为而不恃，长而不宰，是谓玄德。（五十一章）

这一章可以分为两段，前一段讲"道"使万物出生，"德"使万物发育、繁衍，使万物获得一定的形态和禀性，所以万物都尊"道"而贵"德"。"道"之所以被尊崇，"德"之所以被珍尊，是因为"道"和"德"不强迫万物做什么，万物能够自然而然。后一段再次重申"道"使万物出生，"德"使万物生长、发育、结果、成熟。"道"和"德"生养万物却不据为己有，推动万物却不居功自傲，统领万物却不加以宰制，这就是"玄德"，即最深远的"德"。

从中可以看出，"德"有两层含义。第一，"道"成就万物之"德"，"德"代表"道"，内在于千差万别的个体事物中。在帛书本中，"势成之"作"器成之"，这样就可以更清晰地看出，"道"、"德"、"物"、"器"四者从总体到个体，从抽象到具体，从内在到外在的过程。后世的道家也从这个角度作过阐发，如《管子·心术上》中有"虚无无形谓之道，化育万物谓之德"，"德者，道之舍，物得以生生"。如《韩非子·解老》中有"德者，道之功"。因此，"德"就是"道"之功能的落实和保证。第二，"道"是有德行的，此即"生而不有，为而不恃，长而不宰"的"玄德"，这也正是老子理想中的圣人所具备之德。这样，"道"借助"德"，走向了人文世界中的价值和秩序。反过来，人必须借助于"德"，才能最终得"道"。

"道之体"和"道之用"的关系，还可以通过"道"和"气"及"有"和"无"的关系体现出来。

在同为万物之源、同样不可名状方面，"道"和"气"同一，但在地位和功能上两者有异。从形而上的角度看，"道"是总根源，但从形而下的角度看，"气"则用来说明道生物时物生成的具体根源及以资生成的质素。也就是说，"道"生万物必须以"气"为中介，通过"气"提供条件、材料、前提、可能性乃至场所。老子这方面的论述远远不如后世道家详细，但也交代出了基本线索，如"道生一，一生二，二生三，三生万物。万物负阴而抱阳，冲气以为和"（四十二章），就反映出万物生成由单一到繁多、由简单到复杂、由浑沦到具体的过程中，阴阳两气既相互激荡又相互协调的作用状态。还有，"天地之间，其犹橐籥乎。虚而不屈，动而愈出"（五章），这里，"橐"象征天地间之虚廓，"籥"象征气的流动。虽然没有出现"气"字，而且是在论述虚空的作用，但其实同时也涉及了气与万物生成的关系。后世道家认为，气有清浊之分，不仅由此分出天地，也由此分出君子小人，这样，"道"借助"气"，也同样走向了价值和秩序。反过来，人必须借助于"气"，才能一步步接近"道"。这一点，《老子》没有多谈，后世道家及道教则有大量的论述。

"有"和"无"的关系更是鲜明地体现出了"道之用"，"无"既是"道"的本体性特征之一，又是"道"的功能性特征之一。在老子看来，"有"和"无"的关系中，"无"更为重要，"有生于无"（四十章），"三十辐共一毂，当其无，有车之用。埏埴以为器，当其无，有器之用。凿户牖以为室，当其无，有室之用。故有之以为利，无之以为用"（十一章），正因为有虚空的存在，车轮、器皿、房屋才能发挥作用。老子还用山谷、大海、风箱乃至女性生殖器官来形容"道"的作用，因为这些存在都具有空虚、不盈的特征，空虚、不盈具备无限的、神妙的、创造性的功能。"有"之所以能够成为"有"，是因为"无"提供了时间和空间，创造了"有"活动的天地。"有"导致有限、既定、既成、现实、规范、堵塞、窒息，而"无"则没有被种种既定的、现实的东西塞满和限定，代表了未来和希望。"无"永远是主动的、谦虚的，可以接受各种各样的可能性。就像一个杯子，如果里面已经装满东西,那它就无法再接受其他物体,只有当它重新腾出空间,才能发挥新的作用。人类文明也一样,已经形成的制度、规范、价值、框架,必然会导致一元与强制,扼杀新的创造和可能。

所以老子认为真正的"道"和"德"并不是光明完美的,反而看上去似乎有缺陷和不足。

> 明道若昧,进道若退,夷道若纇。上德若谷,大白若辱,广德若不足,建德若偷,质真若渝。大方无隅,大器晚成,大音希声,大象无形。道隐无名……(四十一章)

老子同时提倡"生而不有,为而不恃,长而不宰"(五十一章),"万物恃之而生而不辞,功成不名有。衣养万物而不为主……万物归焉而不为主"(三十四章),就是要留出更大的、不会穷尽的空间,听任万物各遂其性,自然而然地、充满活力地生存发展下去,从而最终达到"无为而无不为"的境界。

此外,老子还从"道"的运动方式来论证"道之用",那就是所谓的"反者道之动,弱者道之用"(四十章),意思是"道"总是表现为向相反方向发展运动,表现为以柔克刚、以弱胜强。这和老子的反向思维、辩证思维有着密切关系,这一点,在第三节中会充分展开。

与其独特的宇宙论和本体论以及体用合一的思想相配合,老子有一套用于体"道"得"道"的工夫论和境界论。他认为体"道"程度不同,对"道"的理解也不同。浅陋的人不可能懂得博大精深的"道",只会拼命嘲笑,不被嘲笑的反而不是"道"。

> 上士闻道,勤而行之。中士闻道,若存若亡。下士闻道,大笑之。不笑不足以为道。(四十一章)

普通的人,受其眼界的限制,只能认识事物的表象,获得有限的知识,不可能理解和把握宇宙和人生的真谛,容易坐井观天,自以为是。因此,老子认为,想要得"道",首先要做的是排除法,排除现有经验知识和既定价值观的束缚,然后才有资格考虑大的、根本性的问题。如前文所言,老子说"道"不能通过学习而获得,相反,"为道日损,损之又损,以至于无为",要将已学到的东西一点点排除出去,在剥落层层偏见之后,才有体"道"的资格。他又说,"绝学无忧"(二十章),即抛弃学问,就能免于忧虑。"多言数穷,不如守中"(五章),这句话在马王堆帛书本中作"多闻数穷,不若守于中",意为学识越多,越陷困穷,不如守中(冲),保持虚静。"古之善为道者,非以明民,将以愚之。民之难治,以其智多。故以智治国,国之贼。不以智治国,国之福。"(六十五章)民众之所以难以治理,是因为他们过多使用智巧。所以与其使人民聪明,不如使人民愚朴。以智巧治国,那是国家的灾难。这些看上去典型的"反智论"观点,其实有它特殊的历史背景。

今本《老子》十九章有"绝圣弃智,民利百倍。绝仁弃义,民复孝慈。绝巧弃利,盗贼无有"。此章楚简本作"绝智弃辩,民利百倍。绝巧弃利,盗贼无有。绝伪弃诈,民复孝慈"。这说明,从战国时代到汉代,《老子》对待知识和价值的态度有一个变化的过程,楚简本否定的可能是当时社会上玩弄智巧、崇尚言辩的社会风气,这种否定在《庄子·齐物论》等篇章中达到一个顶峰。而到了儒道尖锐对立之后,道家更鲜明地将儒家的知识系统和价值观念视为体"道"悟"道"的障碍。《庄子》有很多篇章讥讽孔子及其儒家,或干脆将孔子塑造成一个悟"道"者,表明以老子为代表的道家认为儒家"仁"、"义"、"礼"、"智"的知识体系和伦理规范只是一些自以为是的小聪明、小知识,其说教只会戕害人与生俱来的天性,损伤人与生俱来的真正的智慧、悟性和德性。老子及其道家不是不要仁义、忠信、孝慈,而是否定儒家斤斤拘执于棺椁之厚薄尺寸、守丧之期限年月的拘泥与做作,将一己之学问和一家之伦理强加到别人身上所导致的虚伪和束缚,主张的是来自自然天性的质朴情感和纯真之美、纯真之善、纯真之道德。《老子》书中，有好多次提到，人类的文明、制度、规范、道德，不过是天性丧失、大道大德消失之后的产物。

  大道废，有仁义。慧智出，有大伪。六亲不和，有孝慈。国家昏乱，有忠臣。（十八章）

  故失道而后德，失德而后仁，失仁而后义，失义而后礼。夫礼者，忠信之薄，而乱之首。（三十八章）

想要得"道"，其次要做的是克制欲望，这也是一种排除法，老子多次提出"常无欲"（一章、三十四章），人要进入虚静，排除杂念。"见素抱朴，少私寡欲"（十九章），体现出单纯和朴素，减少私心，降低欲望。"天下有始，以为天下母。既得其母，以知其子。既知其子，复守其母，没身不殆。塞其兑，闭其门，终身不勤。开其兑，济其事，终身不救。"（五十二章）这段文章显示出，如果了解了万物的开始，认识了万物的发展，就终身不会遇到危险。但为此必须堵住欲望的入口，如果打开了欲望的大门，参与到纷扰的事务中去，那就终身不可救药。老子特别强调贪欲的危害，屡屡出现这方面的论述，如"五色令人目盲，五音令人耳聋，五味令人口爽。驰骋畋猎，令人心发狂。难得之货，令人行妨"（十二章），"祸莫大于不知足，咎莫大于欲得"（四十六章），"圣人欲不欲，不贵难得之货"（六十四章）。三十七章有"道常无为而无不为，侯王若能守之，万物将自化。化而欲作，吾将镇之以无名之朴。无名之朴，夫亦将无欲。不欲以静，天下将自定"。当包括人在内的万物自我化育到欲望出现时，老子明确提出要用"无名之朴"即"道"去镇服，使之重新回到消除欲望，归于宁静的地步。

老子还提出人要克制"前识"，在认识对象时，注意与对象保持距离，舍弃种种偏见、成见，以便更好地认识对象。可以说，这又是一种排除法，请看以下这一章的论述：

> 前识者，道之华，而愚之始。是以大丈夫处其厚，不居其薄。处其实，不居其华。故去彼取此。（三十八章）

这是说，所谓的先知、先见之明（与三十八章前文联系起来看，老子在此特指儒家的知识和伦理体系），其实不过是一些"道"之皮毛，愚昧的开端。所以真正的有识之士，反对儒家那些华而不实的、浅薄的东西，而追求"道"厚实的真理。

这虽然针对儒家而言，但结合老子对"虚"、"谦"、"下"的推崇，也可以说是老子特有的认识论。这种认识论，和我们今天所说的对对象作全面、客观认识的理论有所不同，而是一种包容的、接受的心态，是为了和物保持一定的距离，不干涉对方，不让对方失去本然。因此，老子的虚心不是为了更好地学习，而是为了让对象更好地呈现自身。可以说，老子的认识论不是在强化人的主体性、主导性，而是要弱化人的主体性、主导性。

此外，还需要排除褊狭之心、主宰之心、争竞之心。排除褊狭之心，表示不刚愎自用，不居功自傲。"不自见，故明。不自是，故彰。不自伐，故有功。不自矜，故长。"（二十二章）"圣人"并不是不要成就事业，但要"果而勿矜，果而勿伐，果而勿骄，果而不得已"（三十章）。"圣人"取得了成就，实现了人生抱负，就应当急流勇退，不能贪恋荣华，因为"功遂身退天之道"（九章）。"圣人"的理想是：即使成就了天下之大功，也不能让人感觉到自己在其中起过作用，"功成事遂，百姓皆谓我自然"（十七章）。

排除主宰之心、争竞之心和守柔、谦下、不争有关，这将在第三节中充分展开论述。

为了做到上述排除法，以实现体"道"悟"道"的目的，老子提出了一系列特殊的养身术或者说养心术，那就是"专气致柔"（十章）、"涤除玄览"（十章）以及"致虚极，守静笃"（十六章）、不"妄作"（十六章）等，用以保持闲静的心态，排除外物的干扰，远离焦虑的困惑,激活自己的头脑,从而始终拥有个人的空间,维护自我的灵性。下面作具体的阐述。

  载营魄抱一,能无离乎。专气致柔,能婴儿乎。涤除玄览,能无疵乎。爱民治国,能无知乎。天门开阖,能无雌乎。明白四达,能无为乎。(十章)

其意是:要想使精神、灵魂能守于"一"、守于"道",就需要凝气、聚气于身心,使身心致力于柔和,做到像婴儿那样的地步。清除内心的杂念和尘垢,使之没有瑕疵。崇尚自然,反对智巧。在天地间的阴阳相推、对立变化之中,能保持柔弱守静。"天门"也有人说是修炼之人头顶上与天之气相接的穴位,如果能够这样解释,则表明这是一种具体的身心修炼法。"能无为乎",帛书本作"能毋以知乎",可见最后一句意为做到聪明通达,却不用智巧、心机。这段话在否定智巧的同时,提出了一条"修身→治气→得'道'"的路线,这条路线后来在《管子》的《内业》、《心术上》、《心术下》、《白心》四篇中得到了最为充分的展开。

  致虚极,守静笃。万物并作,吾以观复。夫物芸芸,各复归其根。归根曰静,是谓复命。复命曰常,知常曰明。不知常,妄作凶。知常容,容乃公,公乃王,王乃天,天乃道,道乃久,没身不殆。(十六章)

其意是:要使心灵达到虚无的极致,守住清静的极致,要善于观察体验纷纭万物如何循环往复、各归其根。体悟到万物流行的常理常则,才能得到"明",即真正的智慧。不识常道,轻举妄动,必有灾殃。懂得了常道,就会生出博大宽容之心,就能公平不偏,就能统摄天下,就能长治久安,终身无虞。这里除了"致虚极,守静笃"的养心之术外,还有所谓"观复"的直观和体验,可以说这也是一种体道工夫。

  在这些修养体道工夫中,老子说得最多的是一个"静"字。例如，除前面提到的用例外，二十六章还有"重为轻根，静为躁君"，"轻则失本，躁则失君"，意为厚重是对应轻率的基础，镇定是对应急躁的主宰。轻率就会失去根本，急躁则会失去主宰。但老子却不是只静不动的人，体道得道者既能让自己静下去，又能让自己动起来，如十五章有："孰能浊以静之徐清，孰能安以久动之徐生。保此道者不欲盈，夫唯不盈，故能蔽不新成。"意思是谁能在动荡之时安静下来慢慢变得清澄，谁又能在安静之时变动起来慢慢打破安静，持守大道者不自满，正因为不自满，所以能"蔽不新成"。可见，即便想要"蔽不新成"，也还是要以排除法为基础和前提。

老子由此提出，应该让那些清心寡欲，重视养身，看淡外在荣辱毁誉的人来治理国家，十三章有"故贵以身为天下，若可寄天下。爱以身为天下，若可托天下"。能够以重视自己身体、生命的态度去做天下之事，这样的人，可以把天下寄托给他；能够以爱护自己身体、生命的态度去做天下之事，这样的人，可以把天下寄托给他。

老子指出那些真正体道悟道的人，和"道"一样，是"无名"、"无形"的，他说"天下皆谓我道①大，似不肖。夫唯大，故似不肖。若肖，久矣其细也夫"（六十七章），意思是，天下都说圣人很伟大，但圣人不像任何具体的东西，正因为伟大，所以不像任何具体的东西。如果像的话，圣人早就渺小了。但老子也用了大量形象的比喻，描述那些真正体道悟道的人从里到外、从精神境界到身体姿态是如何不同于常人。例如二十八章有"为天下豀，常德不离，复归于婴儿"，在老子心目中，人在婴儿时期，其气最柔，其性最真，其心最纯，其德最美，因而也最接近"道"。就像人类的发展史就是一部文明的倒退史一样，人的逐渐成长，也是与天性的泯灭、心灵的污染相伴随的，因此，那些"常德不离"的得"道"之人，他们的体道

---

① "道"字不当有，详见六十七章的注释。

悟道经历,等于是在向婴儿复归。再如十五章有:

> 古之善为士者,微妙玄通,深不可识。夫唯不可识,故强为之容。豫焉若冬涉川,犹兮若畏四邻,俨兮其若容,涣兮若冰之将释,敦兮其若朴,旷兮其若谷,混兮其若浊。

这是说真正懂得"道"的人,达到了精微、玄远、通达的境界,他们深不可测,不为一般人所能理解。如果勉强形容他们的容貌,那就是:他们小心翼翼,像那种在冬天涉水过河的人;他们犹豫、警觉,像担心四周围攻的人;他们恭敬、严肃,像是在做客的人①。他们的风貌舒适、透畅,像正在化开的冰;他们的风貌厚重、朴实,像未经雕琢的素材;他们的风貌旷达、虚怀,像深山幽谷;他们的风貌浑厚、包容,像滔滔江河:这种形象和"道"深远、玄妙、虚静、朴质的性格正相吻合。再如二十章有:

> 众人熙熙,如享太牢,如春登台。我独泊兮其未兆,如婴儿之未孩。儽儽兮若无所归。众人皆有余,而我独若遗。我愚人之心也哉。沌沌兮。俗人昭昭,我独昏昏。俗人察察,我独闷闷。澹兮其若海,飂兮若无止。众人皆有以,而我独顽似鄙。我独异于人,而贵食母。

这是在比较中,展现悟"道"者与普通人之不同。众人无忧无虑、愉快舒畅,犹如在享用丰盛的筵席,如春天登上了高台。我却无动于衷,像不会嬉笑的婴儿,无精打采,仿佛无家可归。别人都十分满足,而我像丢失了什么,一副愚人之心肠,一副混混沌沌的样子。别人清楚、高明,而我却昏聩、糊涂。别人精明、灵巧,而我却懵懵懂懂,如海般淡泊沉静,如风般飘忽无定。别人都有本领可以施展,而我却笨拙无能,只看重吃饭。这是一副冷面观照世界,表面上愚钝,实际上对人生充满忧虑的高人形象。这种形象和"道"浑

---

① 原文是"俨兮其若容",当为"俨兮其若客"之误,参见十五章注释。

沌暗昧、无所作为、超越万物、独立不群的性格正相吻合。

类似的话还有"为无为,事无事,味无味"(六十三章)等等。老子认为,只有这种体"道"悟"道"之人,才有可能与天地同在,与万物合德,才有可能具备了解世界的大智慧,才有可能具备"无为而无不为"的真本事。而这些圣人作为"道"的化身,其神圣职责在于,为人类社会的存在找到稳定性和确定性的归依,重建与"道"相符的世界的统一性和秩序性。这一点,在第四节中还会展开。

通过这些体道养道的工夫,老子最终进入"无"的境界。从这个角度出发,牟宗三说:"'无'不是个存有论的概念,而是个实践、生活上的观念;这是个人生的问题,不是知解的形而上学之问题。……道家一眼看到把我们的生命落在虚伪做作上是个最大的不自在,人天天疲于奔命,疲于虚伪形式的空架子中,非常的痛苦。……一个人能够像道家所说的,一切言论行动好像行云流水那么样的自由自在,这需要很大的工夫,这是很高的境界。"①

基于以上对老子之"道"的分析,说老子哲学是一种融宇宙论、本体论、工夫论、境界论为一体,具有实际价值和操作功能的实践哲学、身体哲学,是比较恰当的。这种即体即用、即有即无的哲学理论,能够同时贯通绝对的精神世界和相对的现实世界,对后世的中国思维产生了极大影响,使中国哲学能够以其特殊的智慧贡献于世界。

三 老子独特的思维方式和行动方式

老子的思想丰富多彩,引人入胜,最根本的原因是其中充满辩

---

① 黄河选编:《道家二十讲》,北京:华夏出版社,2008 年,第 126~127 页。

证思维，启人心智，故能千年流传而不衰，与时俱进而常新。其辩证思维，如果选用一句话来表述，那就是"反者道之动，弱者道之用"（四十章），因此，老子的辩证思维其实就是反向思维，论述老子的辩证思维，可以说是上一节"道之用"话题的延续。老子自己说"吾言甚易知，甚易行"（七十章），指的是天地运行的基本法则，同时也是立身处世的原则，他希望人们将辩证思维运用到实际行动中。我们说老子的哲学是实践的哲学，很大程度上与其辩证思维是一种可以实际运用和操作的思维有关。

这里，首先对老子的辩证思维做一个基本的概括，这可以从两个方面展开。第一是看老子如何对天地之间的辩证法则作出描述，第二是看老子如何将辩证法则作为一种价值、方法予以应用，所谓反向思维和第二层面的关系更密切。

老子认为，事物均由正反两方构成，正反两方相反相成，形成一个既对立又统一的矛盾体。如"……有无相生，难易相成，长短相较，高下相倾，音声相和，前后相随"（二章）所示，没有"有"就没有"无"，没有"难"就没有"易"，没有"长"就没有"短"，没有"高"就没有"下"，没有"音"就没有"声"，没有"前"就没有"后"。老子如果仅论述到这一步，充其量不过是对外在世界的一种客观描述，没有多少过人之处。

老子进而认为，正反两方是相通的，事物的发展都是从一个方向向另一个方向转化，卑小总会走向高大，柔弱总会走向雄强，生命总会走向死亡，反过来，就是新的一次轮回和转化。应该说这依然是对事物的客观描述，但老子的描述已经隐含了价值判断和警示劝诫在其中，如"物壮则老"（三十章），即物极必反；"强梁者不得其死"（四十二章），即强横逞凶者不得好死；"勇于敢则杀"（七十三章），勇气用于逞强者不得好死；"坚强者死之徒"（七十六章），凡是强硬的都归属死亡一类；"兵强则不胜，木强则兵"（七十六章),用兵逞强就会走向灭亡,树木强大就会遭砍伐;"甚爱必大费,多藏必厚亡"(四十四章),过分吝惜反会付出大的代价,过于收敛反而招致惨重的损失;"祸兮福之所倚,福兮祸之所伏"(五十八章),"正复为奇,善复为妖"(五十八章),即灾祸会向幸福转化,幸福会向灾祸转化,正可以变成不正,善良可以变成妖孽。老子能够揭示一切事物都在变化之中,由正至反,由反至正,说明他是一位对自然、社会、人生有精密观察的智者。这种观察固然对人们了解事物的变化具有指导意义,但如果仅停留于此,也仍然只是一种静态的思维,因为它并没有告诉人们如何才能把握变化,立于不败之地。

老子的精辟之处是在"有无"、"正反"的两极互动中,他更重视"无",更重视"反"。凡人只看到"有"之存在,看不到"无"之功用,只知道正面的价值取向,不知道反面的价值取向。老子则不同,他看穿事物必然走向反面的不可逆转性,积极利用物极必反的原理,将反向的视野和思路发挥到极致,以反求正,力图使自身在万物轮转之中永远立于不败不衰之地,这就是老子远远高明于同时代其他哲学家之所在,也是他辩证思维的精髓所在。

反向思维在于主动地预见矛盾发展的方向,做矛盾的主人,而不是做矛盾的奴隶,被动地等待矛盾发展的结果。例如,"将欲歙之,必固张之。将欲弱之,必固强之。将欲废之,必固兴之。将欲夺之,必固与之"(三十六章),意为:想要让对方收敛,必先让对方扩张起来;想要让对方衰弱,必先让对方强大起来;想要让对方败落,必先让对方兴盛起来;想要从对方那里夺取什么东西,必先给予对方什么东西。这类似我们常说的"欲擒故纵"。这是说掌握反向思维的人,不再满足于事物自动地向其反方向转化,而是主动地挑起矛盾,激化矛盾,创造时机,使事态朝着有利于自己的方向发展。

相反,当事物的运行轨迹即将到达发展的顶点时,老子告诉你需要努力延缓发展的速度,设法改变发展的方向,以避免极限的降临;当事物的运行轨迹已经到达发展的顶点时,老子告诉你甚至需要不惜牺牲利益或尊严,以避免衰退的开始,或者从一开始就留出让步的空间,保持伸展的余地。"曲则全,枉则直,洼则盈,敝则新,少则得,多则惑"(二十二章),委屈者反能保全,弯曲者反能正直,卑下者反能盈满,凋敝者反能新生,少取者反能多得,贪多者反会迷惑。"物或损之而益,或益之而损"(四十二章),事物有时贬低它反得到抬高,有时抬高它反遭到贬低。"明道若昧,进道若退,夷道若纇。上德若谷,大白若辱,广德若不足,建德若偷,质真若渝。大方无隅,大器晚成,大音希声,大象无形"(四十一章),光明的"道",好像很暗昧;前进的"道",好像在后退;平坦的"道",好像很崎岖;高尚的"德",好像低下的川谷;最洁净的"白",好像有污垢;最广大的"德",好像有不足;最刚健的"德",好像很软弱;极端的质朴纯真,好像无节操;最方正的东西,看上去像是没有棱角;最好的器物,看上去像是没有完成①;最出色的声音,听上去像是没有声音;最杰出的形象,看上去像是没有形状。"大成若缺,其用不弊。大盈若冲,其用不穷。大直若屈,大巧若拙,大辩若讷"(四十五章),最完善的东西仿佛有缺损,但其作用不衰;最充盈的东西仿佛有空虚,但其作用无穷;最笔直的东西仿佛有弯曲,最精巧的东西仿佛很笨拙,最会辩论的人仿佛没有口才。"善有果而已,不敢以取强。果而勿矜,果而勿伐,果而勿骄,果而不得已"(三十章),善用兵者只要达到目标就罢手,不以兵力逞强。成功而不自高自大,成功而不夸耀,成功似乎是出于不得已。"……圣人方而不割,

---

① 早期《老子》版本中的"大器晚成",是"大器无成"的意思,详见四十一章注释。

廉而不刿。直而不肆,光而不耀"(五十八章),圣人方正有角但不割伤人,锋利但不刺伤人,直率但不放肆,明亮但不耀眼。"圣人不积,既以为人,己愈有。既以与人,己愈多"(八十一章),要想得到,首先必须付出,圣人没有保留,尽量帮助别人,自己反而更充足。尽量给予别人,自己反而更丰富。以上,都是这一类的论述。在老子心目中,世上没有永恒的完美。百分之百的完美,其实并不完美,因为它只是一个即将消失的顶点,预示着衰退的开始,相反,接近完美却不达致完美,才是真正的完美,动态的、可以把握的完美。

这种反向思维的论述,在《老子》中占据了相当大的比例。如果用老子自己的用词来归纳,有以下这样一些典型的,为后世的中国人经常使用的表达方式。

第一,"守雌"。二十八章有"知其雄,守其雌,为天下谿"。"雌"和"雄"各有所用,"雄"以力以强取胜,"雌"以柔以静保身。凡人往往只为雄强吸引,而不知雌柔的作用。老子提倡"守雌",是为了让人不要一味示强,以免过早过快地走向极点。"雌"代表柔和,代表让步,代表宽容,代表慈爱。六十一章将大国比作"天下之牝",是希望大国在天下中扮演女性的角色,因为"牝常以静胜牡",雌性常凭借其安静制服雄性。十章"能无雌乎",也是此意。六十七章说:"夫慈,以战则胜,以守则固。天将救之,以慈卫之。"慈爱,用来作战就能取胜,用来防卫就能固守;天要拯救谁,就用慈爱保护谁。这种表达,可以说也和老子从女性角度考虑问题相关。

第二,"处下"。六十六章有"江海所以能为百谷王者,以其善下之,故能为百谷王。是以欲上民必以言下之,欲先民必以身后之。是以圣人处上而民不重,处前而民不害。是以天下乐推而不厌",这是说:江海之所以能成为河流之王,是因为处在一切河流的下游;要想统治人民,必须先用语言对人民表示谦恭;要想领导人民,必须将自己的利益放到人民的后面,让人民不感到有重压,让人民不感到有妨害,这样人民就会推戴统治者。老子对水有着天生的好感,常用江海安于卑下、包容大度的秉性来形容圣人。"处众人之所恶,故几于道"(八章),这是说水总是处于众人所不喜欢的卑下的地方,其品格接近于"道"。"上德若谷"(四十一章)、"为天下谿"(二十八章)也是同样的意思。六十一章有:"大国者下流,天下之交,天下之牝。牝常以静胜牡,以静为下。故大国以下小国,则取小国。小国以下大国,则取大国①。故或下以取,或下而取。大国不过欲兼畜人,小国不过欲入事人,夫两者各得其所欲,大者宜为下。"意思是大国要像江河那样居于下流,居于天下交集、归附之处。在天下中扮演女性的角色,雌性常以安静制服雄性,因为是安静的,所以是谦下的。故大国对小国表示谦下的姿态,就可取得小国归附。小国对大国表示谦下的姿态,就可取得大国的信任。有时是大国谦下使小国归附,有时是小国谦下使大国见容。大国不过是想领导小国,小国不过是想依附大国。要两方面都满足其要求,大国尤其应该注意谦下。

第三,"谦卑"。"谦卑"之意,有很多地方其实和"守雌"、"处下"相合、相通,意为为了实现长远的目标,不惜降尊纡贵,忍辱负重,经得起委屈,经得起卑辱。如三十九章有"故贵以贱为本,高以下为基。是以侯王自谓孤、寡、不穀。此非以贱为本邪?非乎?故致数舆无舆。不欲琭琭如玉,珞珞如石"。贵以贱为本,高以下为基。"孤"、"寡"有孤德、寡德之意,"不穀"有不善之意,君王却自称"孤"、"寡"、"不穀",这不就是以贱为本吗?所以最高的荣誉无须称誉,最高贵的统治者不欲琭琭如玉,宁愿珞珞如石。四章和五十六章有"挫其锐,解其纷,和其光,同其尘",意为收敛锋芒,韬光养晦,低调做事,谨慎做人。能够做到谦卑者,也就必然能看淡一

---

① "则取大国",当作"则取于大国",详见六十一章注释。

切,宠辱不惊。十三章有"何谓宠辱若惊?宠为下,得之若惊,失之若惊,是谓宠辱若惊"。老子将那种得之便会惊喜,失之便会惊惶,将虚荣看得太重,患得患失的行为称作"宠辱若惊",视之为卑劣可笑的行径。

有必要说明的是,从《老子》整体看,老子的"谦"是和"虚道"联系在一起的。从认识的角度看,老子的"谦"是一种包容、接受的心态,不让对象失去本然,从而更好地让对象呈现自身。从实践的角度看,它不仅仅是为了实现个人目标而付诸的暂时行为,而是为了表达对每一个生命的真正重视,因此"谦"并不完全是一种个人的修养,而是一种导向无为而治的政治行动。

第四,"不争"。《老子》书中多次使用"不争"这个词汇,争与祸,总是联系在一起,老子提出的解决方法是,凡事不走极端,留有余地,通过不争来达到"无尤"的效果。此类表述有"上善若水,水善利万物而不争"(八章),意为最高的善如水一般,善于帮助万物,却不与万物争胜,这是用水的特性来比喻"不争"的重要性。"天之道,不争而善胜"(七十三章),意为天之道,不争胜却善于取胜。"天之道,利而不害。圣人之道,为而不争"(八十一章),这是说天道利人而不害人,圣人之道,虽有所为,但谦卑不争。老子尤其强调军事上的"不争","善为士者不武,善战者不怒,善胜敌者不与,善用人者为之下。是谓不争之德,是谓用人之力,是谓配天,古之极"(六十八章),这是说善为将帅者不逞勇武;善战者不轻易发怒;善于取胜者,不待交锋,就已胜敌;善用人者,甘为人下。这就是"不争之德",这就叫利用别人的力量,这样的行为方式符合天道,是自古以来的最高准则。"用兵有言,吾不敢为主而为客,不敢进寸而退尺"(六十九章),这是说在军事上,不敢取攻势,宁愿取守势,不敢进一寸,宁愿退一尺,竭力不主动挑起杀伐争斗,以避免杀身之祸。"勇于不敢则活"(七十三章),只有那些勇气不用于逞强者才会有生路。尸横遍野、血流漂杵、流离失所、百姓涂炭,老子看得太多太多,所以他是坚定的反战者,他的反战主张不是以战止战,而是尽量避免挑起战争。老子有做人"三宝"之说,其实质也是"不争"。"我有三宝,持而保之。一曰慈,二曰俭,三曰不敢为天下先。慈,故能勇。俭,故能广。不敢为天下先,故能成器长。今舍慈且勇,舍俭且广,舍后且先,死矣。"(六十七章)"三宝"就是:"慈",即宽容、爱护;"俭",即吝惜、节约;"不敢为天下先",即谦下和不争。因为慈爱,故能勇敢;因为节俭,故能广大;因为谦下不争,故能成为天下领袖。如果舍弃慈爱而求勇敢,舍弃节俭而求广大,舍弃退让而求争先,这是死路一条。"不争"的极致,乃是"报怨以德"(六十三章)。因为"报怨以德",虽然包含着难以忍受的委屈和让步,但比起冤冤相报,仍然是明智的选择。

第五,"知足"。四十四章有"知足不辱,知止不殆,可以长久",知道满足就不会遭到屈辱,知道休止就不会遇到危险,懂得适可而止的人才能保有他的满足。相反,"祸莫大于不知足,咎莫大于欲得。故知足之足,常足矣"(四十六章),没有比不知足更大的灾祸,没有比贪得无厌更大的罪过。知道满足的这种满足,是永恒的满足。不知足就会放纵贪欲,不知足就会无所顾忌,就会招致杀身之祸。作为史官的老子,在这方面的感受远比一般人深切。

第六,"退身"。这是依据盛极必反的原理,通过对事物发展必然规律的预测,而对走上顶点的人作出的忠告。"持而盈之,不如其已。揣而棁之,不可长保。金玉满堂,莫之能守。富贵而骄,自遗其咎。功遂身退,天之道。"(九章)与其竭力保持盈满旺盛,不如早些放弃。与其抓住不放,追求圆满,不如早些罢手。打磨得非常锋利的兵器,反而容易折断。金玉满堂,没有谁能守住。富贵骄横,将自取其祸。功成而不居,退回所有的名利,这才符合天之道。

第七,"贵柔"。以上各项为人处世的准则,其实都可以用"贵柔"二字涵盖。前面已经说过,老子认为,"道"通过"无"来体现其功能,"无"比"有"更重要,世界的存在方式是通过虚无来保证存有。"道"的创造性,来源于其虚无、空灵、不盈,非既定、非常识、非现实、非规范,因而能够不窒息、不阻塞,永远创生出新的东西。与之相应,人也应该像"道"那样,使自己处于新生的、弱小的、生动的、充满活力的一面。而"柔弱"的性格正符合这样的要求,这也正是老子赞赏女性、赞赏婴儿、赞赏水的原因。老子在自然界中发现"人之生也柔弱,其死也坚强。万物草木之生也柔脆,其死也枯槁。故坚强者死之徒,柔弱者生之徒。是以兵强则不胜,木强则兵。强大处下,柔弱处上"(七十六章),人活着时身体是柔弱的,死了就变得僵硬。草木活着时枝干柔脆,死了就变得枯槁。所以,凡是强硬的都属死亡一类,凡是柔弱的都属生存一类。用兵逞强就会走向破灭,树木强大就会遭到砍伐。表面上看,强大处上,柔弱处下,其最终结果往往相反,强大处下,柔弱处上。表面上是刚强占上风,最终却往往是柔弱保存下来。这就形象地揭示了柔弱与生、刚强与死的关系。七十八章有"天下莫柔弱于水,而攻坚强者莫之能胜,其无以易之。弱之胜强,柔之胜刚。天下莫不知,莫能行",意为:天下没有比水更柔弱的东西,但在战胜坚硬的东西时,没有什么能比得上它。弱能胜过强,柔能胜过刚,这些没人不知,却没人能做到。老子从水滴石穿中悟出柔弱胜刚强的道理,因此,他希望人能像水那样柔弱、卑下,甘于寂寞、屈辱,充满生命活力,这样就能远离死亡、腐朽,摆脱外在的污染,保持纯粹的本性。然而,即便作为一种实战计谋来使用,如"将欲歙之,必固张之。将欲弱之,必固强之。将欲废之,必固兴之。将欲夺之,必固与之。是谓微明,柔弱胜刚强"(三十六章).所言,"柔弱"依然可以发挥巨大的力量。

第八,"为之于未有"。如果说前面论述的各项还只是两极之间看得见的此消彼长,那么,第八项则是老子深入到无形的领域,力图通过无形把握有形,通过未然把握已然。"图难于其易,为大于其细。天下难事,必作于易。天下大事,必作于细。是以圣人终不为大,故能成其大。"(六十三章)这是说:难做的事情,要从容易的地方做起,大事要从小事做起;圣人始终从小事、琐事、易事入手,所以能成就大事。"其安易持,其未兆易谋。其脆易泮,其微易散。为之于未有,治之于未乱。合抱之木,生于毫末。九层之台,起于累土。千里之行,始于足下。"(六十四章)这是说:事物还安定的时候容易掌握、把持;问题还没有出现苗头的时候,容易设法对应;事物还脆弱的时候,容易化解;事物还细微的时候,容易消散。所以要在事情没有发生之前就采取行动,要在混乱没有出现之前就开始处理。合抱的大树,也是从萌芽长起。九层的高台,也是从第一筐土开始垒起。再远的行程,也是从第一步开始走起。老子希望人注意观察事物发展变化的征兆,把握契机,以免招致大的困难和祸患。人要么无为,不引发事端,要么"为之于未有",将不利因素消灭于萌芽状态。《鹖冠子·世贤》中有这样一则故事,可以说是对"为之于未有"最生动的解说。

  煖曰:"王独不闻魏文侯之问扁鹊耶?曰:'子昆弟三人,其孰最善为医?'扁鹊曰:'长兄最善,中兄次之,扁鹊最为下。'魏文侯曰:'可得闻耶?'扁鹊曰:'长兄于病视神,未有形而除之,故名不出于家。中兄治病,其在毫毛,故名不出于闾。若扁鹊者,镵血脉,投毒药,副肌肤间,而名出闻于诸侯。'魏文侯曰:'善。使管子行医术以扁鹊之道,曰桓公几能成其霸乎。凡此者,不病病,治之无名,使之无形。至功之成,其下谓之自然。'"

  战国时代的著名军事家庞煖对赵悼襄王(前236~前245)解

说怎样才是最高明的统治时,以神医扁鹊为例。庞煖说有一次魏文侯问扁鹊："你们兄弟三人谁的医术最高明?"扁鹊回答:"长兄最好,二兄次之,扁鹊我最差。长兄视病人神态,即知其是否有病,病情尚未显露,就已经为其根除,所以名声不出于家门。二兄可以在病情显露于毫毛时为其诊治,名声不出于闾巷。而我扁鹊,到病情显露于肌肤之间时才能为其诊治,又是治血脉,又是下猛药,却闻名于诸侯。"魏文侯由此悟出最高明的统治是"治之无名,使之无形。至功之成,其下谓之自然"的无为之道。可以说,扁鹊长兄的医术正是"为之于未有",将病情消灭于萌芽状态了。

在《老子》中,与反向思维有关的论述还有很多,以上八项只是典型和概括。从《老子》中可以找到大量的否定式说法,如不争、不言、不美、不为、不武、不怒、不尚贤、无心、无知、无欲、无身、无事、勿骄、勿强、勿伐等等数十种,这些说法几乎都指向老子的反向思维,以各种各样的否定方式体现出老子独特的思维法则和行动法则。

然而,如果说反向思维只是看到了"无"之功用,发挥了"无"之功用,还不能算伟大,老子反向思维最伟大之处,在于它是一种辩证的否定,是否定之否定,是向更高层面发展、达到新的肯定的否定。

可以看到,老子所有的"无为"最终指向的是"无不为"。"无为"是对"有为"的否定,而"无不为"是对"无为"的否定。老子不厌其烦地强调这一点,除了"无为而无不为"(三十七章、四十八章)外,类似的表述在《老子》中比比皆是。如"圣人……功成而弗居。夫唯弗居,是以不去"(二章),圣人对万物的生长发展有功,却不居功自负,正因为圣人不居功,他的功绩反而不会失去;"为无为,则无不治"(三章),行无为之道,反而走向大治。"不自见,故明。不自是,故彰。不自伐,故有功。不自矜,故长。"(二十二章)

不只凭自己所见,反而看得分明;不自以为是,反而是非昭彰;不自我夸耀,反而能建功立业;不自我骄矜,反而能成为领袖。否定"自见"是为了"明",否定"自是"是为了"彰",否定"自伐"是为了"有功",否定"自矜"是为了"长"。"是以圣人后其身而身先,外其身而身存。非以其无私邪?故能成其私。"(七章)圣人不计较个人的名利得失,结果反而处身人先。置己身于度外,结果反而保存自身。正是因为圣人无私,所以能成就其自身。很明显,"后其身"指向"身先","外其身"指向"身存","无私"指向"成其私"。"以其不自生,故能长生。"(七章)因为不只顾自己的生存,反而能长生。"夫唯不争,故无尤"(八章),正因为谦卑无争,所以没有怨咎、过失。"以其终不自为大,故能成其大"(三十四章),正因为自己不觉得伟大,故而能成就伟大。"以其不争,故天下莫能与之争"(六十六章),正因为做到了柔弱不争,结果天下反而没有人能与之相争。

从以上分析看,老子有时是一个冷酷的或悠闲的旁观者,而有时又是一个真正的参与者,一个真正的高手。老子并非消极、退隐,相反,他积极、进取,只不过不是单向的、直线的进取,而是迂回、渐进、不张扬、不过分的进取。表面的被动和消极,其实是为了争取更大的主动和更好的效果。老子的反向思维运用得好,小可以消极避祸、明哲保身,大可以有所作为、建功立业。

老子的反向思维是老子哲学中的精彩华章,因为它现实、直观、易懂、易行,所以最容易为常人接受和运用。这些反向思维后来在政治领域得到了充分的发挥,形成了一整套无形把握有形、无名把握有名、以阴制阳、以柔克刚、以静制动、以逸待劳、以不变应万变的因应之术,在申不害、韩非子的君主驭臣之术中,在黄老道家的治国理论中得到了充分的发扬。汉以后,中国的主流思想表面上为崇尚刚健有为、规矩厚重的儒家思想所占据。实际上,在各种具体操作中,老子思想仍大行其道,尤其被政治家、军事家、武术家、艺术家以及高明的医生、商人奉为法宝,成为一种艺术,追求完美的艺术,成为一种道德,追求完美的道德。在这个高速发展、充满竞争、红尘滚滚、物欲横流的世界,老子的这种反向思维,显然是一种不可多得的教诲,如果能够遵而行之,必将有益于人生。

历史上,也有人对老子的反向思维嗤之以鼻甚至大加挞伐,例如朱熹就说"老子所谓无为,就是全不事事"①,这表明朱熹并不理解"无为而无不为"的精神实质,或只能说是朱熹的恶意贬低。朱熹又说"老子心最毒。其所以不与人争者乃所以深争之也……闲时他只是如此柔伏,遇着那刚强底人,他便是如此待你"②,"老氏之学最忍,它闲时似个虚无卑弱底人,莫教紧要处发出来,更教你支吾不住"③,这是将老子看成了一个耍权术、玩诡计的阴谋家。这虽然与朱子坚守的儒家立场有关,但也属不应有的偏见和误解④,因为老子的反向思维是一种思维方式和行动方式,它并没有规定使用者的道德立场和使用场合,不能将这种思维方式和行动方式产生的负面结果归罪于老子。老子也并非没有道德感的冷血动物,只不过他对人类的同情之心和仁爱之心被遮盖于冷峻的面孔和严厉的口吻之下。如果他希望人类相互算计、尔虞我诈,乃至道德沦丧、走向毁灭,他就不可能创作《老子》以拯救人类了。如"天之道,利而不害。圣人之道,为而不争"(八十一章)所言,在他内心深处,他追求的是既竞争又合作、既利己又不害人、既有所作为又谦卑容人的双赢局面,这比儒家那种单一的道德取向和排他

---

① 黎靖德编:《朱子语类》,北京:中华书局,1986年,第537页。
② 黎靖德编:《朱子语类》,第3266页。
③ 黎靖德编:《朱子语类》,第2987页。
④ 关于历史上对老子的种种误解,可参陈鼓应:《误解的澄清》,《老子注译及评介》,第15~22页。出版信息详见本书最后"参考文献"。

的行为方式更符合今天的潮流,更值得尊重。

四　老子的社会批判和人文关怀

　　老子论"道"是为了论"人",说"无"是为了说"有",谈"一"是为了谈"多",讲"虚"是为了讲"实",谈"无名"是为了落实到"有名",讲"无形"是为了引申到"有形",阐发"柔弱"是为了战胜"刚强",倡扬"无为"是为了达致"无不为",老子不只是一个破坏者,他更是一个建设者。老子的"道"论兼顾形而上和形而下、本体和现象两个世界,他不反对文明的建构和制度的确立,反对的只是文明和制度对人性的摧残和压抑,希望建立一个自然和谐、多元共生的社会,每个生命都受到充分尊重、能够自由生长、发挥天性的社会。这种理想社会必须有一位圣人来承担,这位圣人必然是能将"道之体"和"道之用"、理想和现实有机结合的人。

　　所以,某种程度上讲,说《老子》是写给统治者看的,并不过分。他的社会批判主要针对统治者,而他的人文关怀则主要面对普通大众。老子在批判的过程中,建立起理想的、与"道"合体的圣人形象,在批判的过程中,找出这个世界的最佳存在方式。老子表面冷酷无情,喜欢无情地骂、尖锐地骂,喜欢冷嘲热讽,但骨子里却有最大的爱、最大的同情、最大的拯救。

　　老子激烈的社会批判主要表现在三个方面:在政治上,他抨击现实中种种残忍的统治;在道德上,他揭露精神的虚伪和文化的沦落;在人性上,他批判物欲的放纵和天性的泯灭。

　　在老子生活的时代,社会矛盾显然已经激化,上下的对立几乎到了不可调和的地步,政治统治到了即将崩溃的地步。老子对此忧心忡忡,以大量的篇幅揭露这些社会矛盾。

　　　　朝甚除,田甚芜,仓甚虚。服文彩,带利剑,厌饮食,财货

有余。是谓盗夸,非道也哉。(五十三章)

这是说朝廷败坏、田地荒芜、仓库空虚,统治者却仍然穿着华丽的服饰,饱餐精美的食物,占有太多的财富。统治者的所作所为就像强盗头子,这是多么无道的一个世界!

民之饥,以其上食税之多,是以饥。民之难治,以其上之有为,是以难治。民之轻死,以其上求生之厚,是以轻死。夫唯无以生为者,是贤于贵生。(七十五章)

民众之所以吃不饱饭,是因为统治者征收的赋税太多;民众之所以难以治理,是因为统治者太喜欢有所作为,激起了民怨民愤:这是痛斥统治者用貌似正义的、神圣的目标牺牲人民的利益。民众之所以不把死当回事,是因为统治者的养生条件过于优越,压迫民众太甚。老子是注重养生的人,但如果统治者为了满足个人养生的要求,为所欲为,激起人民以死抗争时,老子宁可放弃养生,所以他说"无以生为者,是贤于贵生",即不注重养生的人,要胜过那些过于养生的人。老子大声痛骂那些所谓的圣王,因为正是圣王破坏了人们的生活,剥夺了人们的自由。

无狎其所居,无厌其所生。夫唯不厌,是以不厌。(七十二章)

这是老子对统治者提出的忠告,不要挤压人民的生存空间,不要压榨人民的生活。只要不压榨人民,人民就不会厌弃统治者。

老子还以严厉的口吻警告统治者,残暴的统治方式并不能压服民众,"民不畏死,奈何以死惧之"(七十四章)就是老子的名言。类似的话还有"民不畏威,则大威至"(七十二章),如果民众不怕统治者的威压,那么"大威"即上天的惩罚就会降临了。

在各种残害社会、涂炭生灵的破坏行为中,老子对战争最为厌恶,对它的抨击也最为激烈。他对战争的惨烈和危害有各种形象的描述,如"天下有道,却走马以粪。天下无道,戎马生于郊"(四十六章)。有道之世,没有战争,将马匹用来整治田地。无道之世,战马产驹于郊野,言外之意是,连怀驹的母马也拉来当战马了。他还说:

> 以道佐人主者,不以兵强天下,其事好还。师之所处,荆棘生焉。大军之后,必有凶年。(三十章)

> 夫佳兵者,不祥之器。物或恶之,故有道者不处。……兵者,不祥之器,非君子之器。不得已而用之。恬淡为上,胜而不美。而美之者,是乐杀人。夫乐杀人者,则不可以得志于天下矣。(三十一章)

这是说统治者不依赖军事手段在天下逞强。用兵之事一定会遭到报应,军队经过的地方,人民生产、生活会遭到巨大破坏。战争过后,必有荒年。兵器,是不祥之物,人们讨厌它,有道者不去碰它。兵器,是不祥之器,不是君子之器,不得已而用之。对于胜负,最好能淡然处之。即使胜利了,也不可得意忘形。得意忘形者,是那些喜欢杀人者。喜欢杀人者,不可能在天下获得成功。老子还说"杀人之众,以哀悲泣之。战胜,以丧礼处之"(三十一章),就是说要以悲哀之心临阵,因为战争必然导致大量无辜的死亡,即便战胜了,也要把凯旋的典礼当做丧礼来办。在老子眼中,天下没有多少战争是正义之战,为此送命的将士无论是胜利一方的,还是战败一方的,都一样成为冤魂,更何况那些无辜遭殃的百姓,所以,天下没有比战争更可恶的事情。

老子对道德和文化层面上的批判也极为痛快,极为深刻。这种批判,如前文所言,有很多是针对儒家而发的,儒家以为有正面价值、有建设意义而努力创设、竭力鼓吹的东西,在老子看来却如鲁迅笔下的九斤老太所说的——一代不如一代。儒家和道家都认为上古是最为理想的时代,一切的努力,都是为了要回到古代去,但儒家是做加法,即通过不断地创制各种文明规范来帮助人们走向古代,道家却是做减法,认为这些文明规范治标不治本,尤其当这些治世之药已经没有什么疗效时,不如放弃不用。在老子眼中,整个人类文明进化史其实是一部道德倒退史。

  大道废,有仁义。慧智出,有大伪。六亲不和,有孝慈。国家昏乱,有忠臣。(十八章)

  绝圣弃智,民利百倍。绝仁弃义,民复孝慈。绝巧弃利,盗贼无有。(十九章)

这就是老子勾勒出来的倒退史的具体轨迹。大"道"被废弃之后,才出现了"仁义"这种人类的道德价值标准。人类的智巧出现之后,才产生了严重的伪诈。因为有六亲不和的现象出现,才产生了"孝慈"这种人类的道德价值标准。因为国家陷入混乱,才出现了所谓的"忠臣"。因此,不要聪明,抛弃智巧,人民可以得到百倍好处。放弃"仁义"这些道德价值标准,人民就可以恢复孝慈的天性。杜绝精巧之物和货利,盗贼就会消失。在老子看来,"仁义"、"圣智"、"孝慈"、"忠臣"不是文明进步的产物,而是文明退步的结果,就像一个重症病人,虽然不得不大把大把地吃各种各样的药,却越来越不起作用。用"仁义"、"慧智"、"孝慈"、"忠臣"来拯救人类,不仅不会回到本真本善的社会,而且会造成更大的混乱。只有放弃"仁义"、"圣智"这些所谓的道德,根绝各种巧利之心、巧利之作,人类才会得到真正意义上的拯救。

《庄子·马蹄》有一段话,和十八章相比,不仅思想相似,表现方法也极其相似,可以帮助我们进一步理解老庄特有的人类道德倒退史。

  故纯朴不残,孰为牺樽!白玉不毁,孰为珪璋!道德不废,安取仁义!性情不离,安用礼乐!五色不乱,孰为文采!五声不乱,孰应六律!夫残朴以为器,工匠之罪也;毁道德以为仁义,圣人之过也。

以下这段话可以说是老子关于人类道德倒退史的另一种表达：

> 上德不德，是以有德。下德不失德，是以无德。上德无为，而无以为。下德为之，而有以为。上仁为之，而无以为。上义为之，而有以为。上礼为之，而莫之应，则攘臂而扔之。故失道而后德，失德而后仁，失仁而后义，失义而后礼。夫礼者，忠信之薄，而乱之首。前识者，道之华，而愚之始。（三十八章）

"上德"即具有高尚之"德"的人，其"德"是看不见的，因此具有真正意义上的"德"；"下德"即不具备高尚之"德"的人，遵守表面上的、形式上的"德"，因此并无真正意义上的"德"。"上德"之人"无为"，做事无所企图；"下德"之人"有为"，做事有所企图。"上仁"即最仁爱的人有所作为，但出于无意；"上义"即所谓最正义的人有所作为，但别有目的。"上礼"即所谓最讲礼法的人，采取强制手段让人服从，但得不到响应。所以说，"道"丧失之后才出现"德"，"德"丧失之后才出现"仁"，"仁"丧失之后才出现"义"，"义"丧失之后才出现"礼"。"礼"这种东西是"忠信"薄弱到极点的产物，是大乱的祸首。"前识"即所谓的先知、先见之明，看上去深刻，其实不过是"道"之皮毛，愚昧的开端。①

老子认为，真正高尚的"德"不拘形式，不故意为之，自然、率真。而那些表面的、做作的、华而不实的、有意为之的东西其实是"道"之皮毛，是愚昧的体现，是对自然、率真之天性的戕害，使人越来越走向工具化、手段化，成为礼法、制度等外在规范的奴隶。

---

① 其实也有一部分儒家提倡不受外在形式束缚的真正意义上的道德，如《礼记·孔子闲居》、《孔子家语·礼论》、上海博物馆藏战国楚竹书《民之父母》中都有"无声之乐"、"无体之礼"、"无服之丧"。可见《老子》针对的是那些过分拘泥形式，乃至成为身心桎梏的儒家道德规范。

这种文明导致异化的深刻分析,在今天仍然具有深刻的意义。

老子指出"有名,万物之母"(一章),"名"在这里指各种有形的、确定的、具有规范意义的制度,可见他认可现实社会是由各种规章制度构建起来的,但老子同时深刻地认识到,和道德规范一样,制度规范越详细、越严格,离人们设置这些规范的初衷也就越远,人反而成为制度的受害者。人类的文明成果不但没有帮助人类走向亲近、和谐,反而使人类社会变得更为混乱不堪。

> 天下多忌讳,而民弥贫。……法令滋彰,盗贼多有。(五十七章)

统治者设定的禁令愈多,百姓愈贫困;法令越发达,触犯法律的人反而越多。这些话可以说是至理名言,在今天看来也完全没有过时。

以上种种政治和道德上的问题,归根结底是人性问题。老子对人性的批判同样无情而激烈,这种批判主要指向人类无穷无尽的欲望。在老子看来,人是一种既可怜又可恶的动物,当食不饱腹、衣不暖身或生命受到威胁时,人类只求能够苟且生存下去,然而,当人一旦获得超过基本生存的条件时,无论是统治者,还是普通民众,都会以各种各样的方式满足各种各样的欲望,乃至做出"令人心发狂"、"令人行妨"(十二章)的事情。老子并不像佛教那样,要人斩断欲根,但是希望人能将欲望控制在合理的范围之内,尤其是统治者利用权力、资源乃至智巧去填充欲壑,"损不足以奉有余"时,更是会激化社会矛盾,所以老子说,"祸莫大于不知足,咎莫大于欲得"(四十六章)。老子反对各种导致物欲放纵和天性泯灭的奇巧之物,"人多伎巧,奇物滋起"(五十七章)。以下这段话则是对厚自奉养者的当头棒喝。

> 出生入死。生之徒十有三,死之徒十有三。人之生,动之死地亦十有三。夫何故?以其生生之厚。(五十章)

这是说人始于生、终于死。其中长寿的约占三成,短命的约占三成,这是正常的现象。但人为求生过分妄动而陷于死地者也占三成,其原因就在于人们过于追求生活,厚自奉养。

随着欲望的滋长,人的种种不良品行也会随之而生,如好走极端、言行过分、浮夸急躁等等,所以老子提出"圣人去甚、去奢、去泰"(二十九章),"为腹不为目"(十二章),不追求声色的满足,崇尚"玄德"、"常德",希望恢复到人类天生所具有的本然的、纯粹的状态,超越现实社会的等级次序、道德标准和善恶是非,摆脱人为的污染,如山谷、沟溪、赤子一般,具有超越性和本真性。作为相应的修养功夫,老子提出"常无欲","致虚极,守静笃"(十六章),教人进入虚静,排除杂念。"见素抱朴,少私寡欲"(十九章),体现出单纯和朴素,减少私心,降低欲望。这已在前文中多次讨论,不再赘述。

和老子一样,孔子也是一位批判者,孔子也能站在百姓的角度为百姓说话,也是以人为本、以人为一切问题的中心,对现实中种种丑恶予以抨击,他的批判也集中于政治、道德和人性三个方面。两者的区别在于,孔子渴望参与到权力中心去,以一种主人翁的心态积极建言,所以其批判有一点"小骂大帮忙"的感觉;而老子则渴望远离权力的中心,以旁观者的身份作最无顾忌的批判,老子并不想在哪个统治者身边参政议政,他要的是从整体上、从根本上挽救人类。此外,老子和孔子的建设方法也不同,可以说老子更多的是在培养圣人,孔子更多的是在培养君子。孔子及其儒家试图培养一大批与社会相协调,能够维护社会稳定和运转,成为社会基石的君子;老子及其道家则试图培养一小批能够体悟天地之道,把握宏观全局的圣人。《论语》《孟子》《礼记》《荀子》不厌其烦地教你一步步该怎么做,或者教你不要怎么做,尤其《礼记》和《荀子》中,上面的人该做什么,下面的人该做什么,规定得清清楚楚。

老子很少这样教诲人，他不讲具体的操作过程，只讲基本的原则和原理，接下来就要靠你自己去体悟、领会和实践。前面已经阐述，老子的体悟、领会之法，就是以排除法为中心的体道悟道法、实践之法，就是以辩证思维为指导的行动方式。

秦汉以后，大局已定，社会上不再需要那么多高屋建瓴的圣人，不再需要那么多淋漓痛快的批判者，更多需要的是既不危害政治体制又能沟通君主和民众的君子。这也是老子之道逐渐退居幕后，无法与孔子相抗衡的原因吧。

我们说老子有批判也有建设，指的并不是那些具体的建国方略，而是一种大的、行之万年依然有效的原则，这项原则的基本精神是社会整体的和谐及每一个个体个性的充分伸展。那么，这项原则究竟是什么呢，可以用四个字归纳，那就是"自然无为"。

先谈"无为"。在笔者看来，《老子》书中，"无为"虽然出现多次，表述不一，但其最为根本的含义有这样几层，这几层意思全都是排除法。

首先，如五十七章所言，"圣人云：我无为而民自化，我好静而民自正，我无事而民自富，我无欲而民自朴"，统治者向民众作出退让，为深受压迫的民众减压卸负，通过减少统治者的有为，让人民获得喘息之机，赢得民心，挽救岌岌可危的政治局面。

其次是不主动引起事端。"不尚贤，使民不争。不贵难得之货，使民不为盗。不见可欲，使民心不乱。"（三章）不推崇那些有才干者，民众就不会起争竞之心。不以稀有之物为贵，民众就不会去行偷盗之事。统治者不在民众面前显露那些会激发欲望的东西，民众就不会心思紊乱。不在人民面前趾高气扬，盛气凌人，甘于"处众人之所恶"（八章），甚至"受国之垢"（七十八章），能够忍受国家之屈辱，"受国不祥"（七十八章），能够承担国家之灾难，以忍辱负重精神博取民众同情和亲近。在经济上，勇于"损有余而补不足"(七十七章),"执左契而不责于人"(七十九章),虽然持有讨债的凭证却不向人索求。除了自己俭啬之外,还多给人民实惠。此外还不挑起战争,不滥杀人,等等。

再次是解决社会矛盾于无形之中,而不是等矛盾激化以后再去解决,"为之于未有,治之于未乱","慎终如始,则无败事"(六十四章)。前文所引扁鹊的故事,可以说是这种统治方式的最好注释。

最后是不干涉,任凭民众自生自为。《老子》五章有"天地不仁,以万物为刍狗。圣人不仁,以百姓为刍狗"。看上去这是一种不负责任的态度,任凭百姓自生自灭,实际上是尊重百姓的自主选择,是一种最为负责的态度。因为过度的有为,非但没有为百姓带来好处,反而束缚了百姓的手脚,抹杀了他们的创造性、主动性和积极性,中国的"文化大革命"及后来的改革开放就是最好的例子。"文化大革命"期间,虽然充满了所谓的理想正义,充满了整齐一律,然而十亿中国人却被同一块红布遮住了眼睛,做同样的事,说同样的话,想同样的事情,其结果是民不聊生,国民经济陷于崩溃边缘。改革开放的实质,并不是给予民众什么,而是为民众减去什么,让民众自生自成、自完自足的天性得到充分释放、充分发挥。"治大国若烹小鲜"(六十章),治理大国,最大的忌讳是政策的多变,所以要"悠兮其贵言"(十七章),悠然自得,很少发出政令。"处无为之事,行不言之教"(二章),不经常以行政指令去干涉下层或百姓。"万物作焉而不辞,生而不有,为而不恃,功成而弗居。"(二章)听任万物成长而不干涉、不强迫,生养万物而不占有、不私有,虽然对万物有功却不居功自负。在老子看来,这种行为,正是"返朴归真",回到了与"道"相吻合的质朴、真率的境界,是政治的最高境界。最高明的统治者应是一个可有可无的象征,而不是救民于水火的救世主。"太上,下知有之。其次,亲而誉之。其次,畏之。其次,侮之。"(十七章)这段话的意思是:最好的统治者,下面的人仅仅知道他的存在;差一级的统治者,下面的人亲近他、歌颂他;再差一级的统治者,下面的人怕他;更差一级的统治者,下面的人蔑视他。纵观历史,老子的这个评价标准可以说放之四海而皆准,让我们不得不为他的智慧折服。

所以,最高明的统治者要做的事其实很简单,那就是做百姓想做的事。"圣人无常心,以百姓心为心。……圣人在天下,歙歙,为天下浑其心,圣人皆孩之。"(四十九章)圣人没有恒定的意志和主观的成见,以百姓之心为己心。圣人要做的就是将天下的人和事和谐之、协调之,让天下人的心归于浑沦,将百姓当无知无欲的婴儿看待。

有一种说法认为,老子骨子里看不起百姓,推行的其实是愚民政策。《老子》书中,这方面的论述的确不少。除了上述的"以百姓为刍狗"、"圣人皆孩之"外,还可举出以下的例子:

是以圣人之治,虚其心,实其腹。弱其志,强其骨。常使民无知无欲,使夫智者不敢为也。为无为,则无不治。(三章)

古之善为道者,非以明民,将以愚之。民之难治,以其智多。故以智治国,国之贼。不以智治国,国之福。(六十五章)

小国寡民。使有什伯之器而不用,使民重死而不远徙。虽有舟舆,无所乘之;虽有甲兵,无所陈之。使人复结绳而用之。甘其食,美其服,安其居,乐其俗。邻国相望,鸡犬之声相闻,民至老死不相往来。(八十章)

圣人的统治方式是:使百姓头脑简单,但满足其口腹之欲;使百姓志气削弱,但强壮其身体;使玩弄智巧、聪明的人不敢妄为。只要实行无所作为的统治,就能实现天下大治。古来那些以"道"治国的人,不希望人民聪明,反而希望人民纯朴。因为民众过多地使用智巧,所以以智巧治国,那是国家的灾难。不以智巧治国,那是国家的幸福。理想的国家形态是：国家小，人民少，即使有先进的机械也不用。使百姓怕死，不冒险，不远离家乡，即使有车船，却没必要去乘坐。即使有甲兵，却没有机会陈列出来用于战争。让人民回到远古结绳记事的时代。

其实，在老子眼中没有绝对的对错、绝对的是非、绝对的善恶，芸芸众生都是可爱的人、有用的人，均应平等视之，所以他说，"唯之与阿，相去几何。善之与恶，相去若何"（二十章），贵贱善恶，在老子眼里相差不了多少。"故不可得而亲，不可得而疏，不可得而利，不可得而害，不可得而贵，不可得而贱"（五十六章），"玄同"的境界超出了亲疏、利害、贵贱之区分。"天道无亲"（七十九章），天道没有偏爱，无分亲疏。"善者，吾善之，不善者，吾亦善之"，"信者，吾信之，不信者，吾亦信之"（四十九章）。善良的人，我善待之；不善的人，我也善待之。可信的人，我信之；不可信的人，我也信之。"……圣人常善救人，故无弃人。常善救物，故无弃物"（二十七章），圣人眼中没有遗弃之人、无用之人，没有遗弃之物、无用之物。老子要寻求的是能够拯救全人类的方式，这种方式无疑要牺牲一部分人、一部分人类的文明成果。他并不是不知道智巧能给人带来方便和幸福，但老子认为，对人类而言，爱心比智慧更重要。当人的智巧和人类的文明成果使社会变得残酷，使朴质和真情丧失，使人类的基本生存受到威胁，聪明反被聪明误时，老子宁可回到桃花源中去。老子看穿了人心险恶，人心不可挽救，所以宁可要充满爱心的"傻根"，也不要充满机心的智者。这样去理解老子的意图，我们就不会为老子这位智者公然的反智行为感到奇怪了。

"自然"和"无为"是同一个问题的两个方面，如果说"无为"反映的是"道之用"的表现方式或圣人的行动方式，"自然"则是万物本然的形态或圣人"无为而治"所要追求的结果。五十七章有"故圣人云：我无为而民自化，我好静而民自正，我无事而民自富，我无欲而民自朴"。这是说统治者无为则百姓自我化育,统治者好静则百姓自我端正,统治者不造事生非则百姓自我富足,统治者没有贪欲则百姓自然淳朴。这里虽然没有出现"自然"一词,但"自化"、"自正"、"自富"、"自朴"正是"自然"之意在不同侧面的表达。三十七章有"道常无为而无不为,侯王若能守之,万物将自化。化而欲作,吾将镇之以无名之朴。无名之朴,夫亦将无欲。不欲以静,天下将自定"。这里的"自化"和"自定"也是"无为"或"镇之以无名之朴"的结果。

"自然"在《老子》中出现多次,几乎都是自然而然的意思。"道之尊,德之贵,夫莫之命而常自然"(五十一章),说的是"道"之所以受尊崇,"德"之所以被珍贵,就是因为"道"、"德"不干涉万物而顺其自然。二十五章有"人法地,地法天,天法道,道法自然"。"人法地,地法天,天法道"中的"法"作动词理解,意为"取法",即人取法地,地取法天,天取法道。有人以为,"道法自然"是"道"取法"自然界"的意思,这是不对的。"道"作为最高的概念,无疑是一切万物取法的对象,而不需要再取法谁。而且,"自然"在《老子》中的其他例子也都是"自然而然"的意思。因此,"道法自然"应解释为"道"纯任自然,"道"的法则就是自然而然。

既然"道"的法则是自然而然,那么执"道"而行的圣人就必将推行这一法则,以符合天道。"功成事遂,百姓皆谓我自然"(十七章),意为取得了成功、办成了事情,百姓都称赞统治者的统治方式符合自然的原则。"希言自然"(二十三章)是少说话,不说话,少发政令,顺其自然。圣人不仅以"自然"作为自己行动的准则和追求的目标,而且通过克制欲望和放弃"有为"之学等自我约束和自我限定,来补救众人的过失,辅助促成万物的自然发展,六十四章"是以圣人欲不欲,不贵难得之货。学不学,复众人之所过。以辅万物之自然,而不敢为"就表达了这层意思。

如果说"无为而无不为"体现出老子否定之否定的辩证思维，如果说"自然"是圣人"无为而治"所要追求的结果，那么，"自然"就和"无不为"相当。所以，这个"自然"已非原始状态的自然而然，而是圣人"辅"助出来的结果，是一种更为高级的人文自然。人文自然在不同的时代可以有不同的目标、不同的解释。结合《老子》对"自然"的表述，结合今人对现实和未来的思考，我们理解"自然"可以从以下这样三种角度和三种发展方向①。

第一，"自然"是体现老子人文关怀的最高价值和最高理想。它表示，人类在社会整体上应该呈现出自然而然的秩序，在和天地宇宙的关系上应该呈现出自然而然的和谐。这种"自然"超越了一般意义上的制度、规范、价值、框架，不会导致一元和强制，能够容纳多元和共生，能够展示无限的创造性和可能性，能够实现矛盾双方既相互对立又相互容纳的动态平衡，能够有效地限制和纠正破坏和谐秩序的各种行径，能够为人生的追求、社会的管理提供宏观的根本的指导。三十五章"执大象，天下往。往而不害，安平太"可以说是这一终极理想的形象描述，天下之人虽然都归附于"道"但却互不妨害，而是安宁、平和、通泰。这就是老子的大同境界，可以说也是我们人类的价值和理想向上提升的目标，我们人类为之奋斗的境界。

第二，"自然"是体现老子社会管理的最高价值和最高理想。在政治上，"自然"的管理方式表现为人类群体与群体、个体与个体横向之间、上位和下位纵向之间和谐共存的关系，这种关系体现出与"道"相符的统一性和秩序性，在保障整体和谐不受影响的前

---

① "人文自然"的概念，来自刘笑敢先生《经典诠释中的两种定向之接转初探——以〈老子〉之自然的新诠释为例》(台湾《清华学报》第35卷第1期，2005年)一文，以下对"人文自然"的理解和概括，也深受刘笑敢先生此文的影响。

提下,能够为每个个体提供最大的、最有利的、不会穷尽的发展空间,能够将各种控制和干涉降到最低程度,能够辅助每个个体自然而然地、充满活力地发展下去。在道德上,"自然"的管理方式不是简单地、一味地强调某种道德原则的重要性和神圣性,不拘执于表面的礼仪排场、繁文缛节,使人与人之间充满真挚温暖的情感。在精神上,"自然"的管理方式保障每个个体的精神不受压抑、放松坦然,天性得到充分的发挥,身心保持良好的状态。

第三,"自然"是体现老子人生境界的最高价值和最高理想。在人类与自然界和谐相处,人与人相互尊重、合理竞争,社会不出现激烈矛盾的前提下,每一个人都能沿着自我设定的方向,通过自发的努力,拥有属于自己的物质和精神空间,获得更多的主动性、独立性和创造性,过上自由自在的生活。没有强迫、没有干涉,人不会变成制度的工具,不会变成欲望的奴隶,超脱于尘世喧嚣与物欲追逐的烦恼之外,远离无谓的忙碌,排除一切的焦虑、紧张、抱怨、嘈杂、浮华,得到身心的满足、安宁、平静,实现自身向"道"的回归,在不受拘束、不受压抑、天然的、散漫的心理状态中过完自己虽短暂但合理、完满、无缺、无憾的一生。

笔者以为,纵观老子思想被运用被解释的历史,可以发现它有三个方向。第一,作为一种可以直接发挥作用的为政之道,战国时代到汉初,以老子思想为主导的黄老之学曾大行其道。第二,作为一种为人处世之道,汉以后,直至近现代,老子的反向思维得到了充分的运用和发展。第三,作为一种"人文自然"之道,作为一种高级的生存原则和行为原则,在既重社会生存更重精神生存,既重整体发展更重个性延伸,既充满生存危机更充满发展活力的今天,笔者相信,老子思想必将受到越来越多的关注,其内涵会得到更进一步的充实和扩展。

五　老子的语言风格

"道"不可言说,越说越变形走样,但老子又不得不说,因为他希望每个人都能接受并践履其"道",尤其对于那些对"道"一无所知的人,更不得不使用凡人所能接受的语言。这就产生了一个矛盾,即怎样才能将用逻辑规定性无法界说、定义的"道"用语言表达出来呢?老子选择了诗,因为诗性思维具有形象性、非逻辑性、触发性、跳跃性、多义性,诗虽然是形象思维,但它既能表现感觉,同时也能以其特殊方式表达理性。从接受的角度看,诗易读、易懂、易记忆、易流传。所以,只有诗,才能将"道"的模糊、微妙、抽象、虚无、空灵、博大、冲淡、真朴、自然、深沉,用象征的、充满感性的笔触展现出来。所以,《老子》哲学是诗的哲学,体现出了哲理性和文学性之完满统一。

我们先来看他的文体。《老子》5000余言,由许多押韵的文句组成①,分成81章,最短的是第四十章,21个字,最长的是第三十九章,也不过134个字,平均下来每一章只有60多个字。《老子》不仅每一章的字数少,每一句的字数也很少,其中尤以3字句、4字句为多,简洁易读,给人以强烈的节奏感。试以第十六章为例(符号表示押韵的位置):

　　致虚极,守静笃。万物并作,吾以观复。夫物芸芸,各复归其根。归根曰静,是谓复命。复命曰常,知常曰明。不知常,妄作凶。知常容,容乃公,公乃王,王乃天,天乃道,道乃

---

① 《老子》韵文的特征以及与《诗经》、《楚辞》的区别,可以参照刘笑敢:《老子古今》上卷,第131~133页。

久,没身不殆。①

再来看他的修辞。老子是一位语言大师,他运用了大量的修辞手法来增强《老子》的表现力度,这些手法有比喻、象征、对比、逆说、蝉联回环、拟声拟态等等。

例如,老子在论说"天之道"具有损有余而补不足的特性,如此,世界才会形成动态之平衡时,将其比喻成一张弓,这具有很强的说服力。

> 天之道,其犹张弓与。高者抑之,下者举之。有余者损之,不足者补之。(七十七章)

第五章也是两个生动的比喻。当试图说明天地和圣人如何听任百姓自由自主地生存时,老子将百姓比作刍狗,即古代祭祀时,用草扎的狗,用后即弃,任其自生自灭。当试图说明天地之间虚廓的形态及其动能时,使用了"橐籥"即风箱的比喻。

> 天地不仁,以万物为刍狗。圣人不仁,以百姓为刍狗。天地之间,其犹橐籥乎。虚而不屈,动而愈出。(五章)

老子为了让读者理解"道"是万物的起源,使用了"母"(一章、二十五章、五十二章)、"子"(四章、五十二章)、"父"(二十一章,原文为"甫")、"根"(六章、十六章)这样的字眼;为了让读者理解"道"的深远莫测,使用了"渊"(四章)、"谷神"(六章)、"玄牝"(六章)这样的字眼;为了让读者理解"道"及得"道"者有自由、自然、宽容、谦下的品格,使用了"为天下谿"(二十八章)、"譬道之在天下,犹川谷之于江海"(三十二章)、"大道氾兮,其可左右"(三十四章)、"大国者下流"(六十一章)、"江海所以能为百谷王者,以其善下之,故能为百谷王"(六十六章)等类比方法;为了让读者理解

---

① 据朱谦之《老子校释》所引江有诰的《老子韵读》。出版信息详见本书最后"参考文献"。

得"道"之人至柔至刚的身心状态,老子有时用"婴儿"的呼吸状态来作比喻,"专气致柔,能婴儿乎"(十章),有时用"赤子"不受毒虫、禽兽的加害来作比喻,"含德之厚,比于赤子。蜂虿虺蛇不螫,猛兽不据,攫鸟不搏"(五十五章);为了让读者理解柔弱胜刚强的原理,老子提出了他那个极为著名的"水"的比喻,"天下之至柔,驰骋天下之至坚"(四十三章)、"天下莫柔弱于水,而攻坚强者莫之能胜"(七十八章);为了让读者理解见微知著、居安思危的重要性,老子留下了"合抱之木,生于毫末。九层之台,起于累土。千里之行,始于足下"(六十四章)这段千古名句;为了让读者理解他的政治哲学,他用了七个字,即"治大国若烹小鲜"(六十章),就将无为而治的精髓表达了出来,让人叹为观止。

老子常常通过"若"、"譬"、"犹"等字眼,让读者通过形象的比喻,获得直观的体验和会心的领悟。这里仅举"若"的例子。

明道若昧,进道若退,夷道若颣。上德若谷,大白若辱,广德若不足,建德若偷,质真若渝。(四十一章)

大成若缺,其用不弊。大盈若冲,其用不穷。大直若屈,大巧若拙,大辩若讷。(四十五章)

古之善为士者……豫焉若冬涉川,犹兮若畏四邻,俨兮其若容,涣兮若冰之将释,敦兮其若朴,旷兮其若谷,混兮其若浊。(十五章)

老子大量使用对比,使文章显得节奏明快、简洁明了,试举一例:

上德不德,是以有德。下德不失德,是以无德。上德无为,而无以为。下德为之,而有以为。上仁为之,而无以为。上义为之,而有以为。上礼为之,而莫之应,则攘臂而扔之。

（三十八章）

老子大量使用逆说，造就了不同于一般语言习惯的反向效应，试举数例，均和感觉有关：

大方无隅，大器晚成，大音希声，大象无形。（四十一章）

道之出口，淡乎其无味。视之不足见，听之不足闻。（三十五章）

视之不见名曰夷，听之不闻名曰希，搏之不得名曰微……其上不皦，其下不昧……无状之状，无物之象……迎之不见其首，随之不见其后。（十四章）

蝉联回环是先秦文学中常用的表达方式，这类例子在《老子》中不胜枚举。

夫物芸芸，各复归其根。归根曰静，是谓复命。复命曰常，知常曰明。……知常容，容乃公，公乃王，王乃天，天乃道，道乃久，没身不殆。（十六章）

吾不知其名，字之曰道，强为之名曰大。大曰逝，逝曰远，远曰反。……人法地，地法天，天法道，道法自然。（二十五章）

故失道而后德，失德而后仁，失仁而后义，失义而后礼。（三十八章）

知不知，上。不知知，病。夫唯病病，是以不病。圣人不病，以其病病，是以不病。（七十一章）

信言不美，美言不信。善者不辩，辩者不善。知者不博，博者不知。（八十一章）

蝉联回环做到叠句叠韵时，则能产生更为强烈的音律美和动感美，五十九章就是代表。

治人事天莫若啬，夫唯啬，是谓早服，早服谓之重积德。

重积德,则无不克,无不克,则莫知其极,莫知其极,可以有国。有国之母,可以长久。(五十九章)

老子还非常善于运用拟态词,我们可以举出"绵绵若存"(六章)、"绳绳不可名"(十四章)、"夫物芸芸"(十六章)、"我愚人之心也哉。沌沌兮。俗人昭昭,我独昏昏。俗人察察,我独闷闷"(二十章)、"其政闷闷,其民淳淳。其政察察,其民缺缺"(五十八章)等很多例子。

对于"道"这样完全存在于想象之中,无法亲身体验的对象,老子不惜竭尽夸张之能事,以帮助凡夫俗子突破狭隘的眼界,在瞬间产生心灵的震动。夸张有不落实处的作用,可以给读者留下巨大的想象和解释空间。例如以下这两段话,就是依赖夸张的语言、挥洒的笔调,营造出了一种神秘莫测、宏大奇谲的效果。

道之为物,惟恍惟惚。惚兮恍兮,其中有象。恍兮惚兮,其中有物。窈兮冥兮,其中有精。其精甚真,其中有信。(二十一章)

有物混成,先天地生。寂兮寥兮,独立不改,周行而不殆,可以为天下母。吾不知其名,字之曰道,强为之名曰大。大曰逝,逝曰远,远曰反。(二十五章)

以下这两段话,则以一种近乎诡谲不经的手法,刻意突出了得"道"者的神奇。

盖闻善摄生者,陆行不遇兕虎,入军不被甲兵,兕无所投其角,虎无所措其爪,兵无所容其刃。夫何故?以其无死地。(五十章)

含德之厚,比于赤子。蜂虿虺蛇不螫,猛兽不据,攫鸟不搏。(五十五章)

也许有人会说,这些今人看来夸张的描述,里面其实有着原始巫术的成分,是人类曾经有过的真实的宗教体验,也是后世道教努力追求的境界。但从文学的角度看,这些语言的确起到了传神的效果。这些超凡的想象和无限的夸张,到了《庄子·逍遥游》等篇章中,与人生境界联系起来,更是达到了壮美和浪漫的高峰。

老子的思想不仅渗透到了我们中国人的骨髓里,而且他的一些语言,也对我们中国人产生了巨大影响,像"上善若水"、"淡而无味"(原文为"淡乎其无味")、"宠辱不惊"(取"宠辱若惊"相反之意)、"大器晚成"、"出生入死"、"金玉满堂"、"小国寡民"、"天网恢恢,疏而不失"、"千里之行,始于足下"、"祸兮福之所倚,福兮祸之所伏",早已脍炙人口,习用为常了。

今天看来,凡是先秦文学中常用的修辞手法,老子都运用得极为出色,堪称大家。从语言使用角度来看,《老子》的创作,吸收了很多其他人的智慧,有一个在流传中反复整理、日渐整齐化的过程。《老子》书中,虽然看不到对圣贤之言的引用,但却能找到对"建言"即古语、谚语或格言的引用。如四十一章有"故建言有之:明道若昧……",这说明"明道若昧……"以下部分是老子对民间智慧的吸收。

再如,三十六章有"将欲歙之,必固张之。将欲弱之,必固强之。将欲废之,必固兴之。将欲夺之,必固与之"。我们发现,《吕氏春秋·行论》中有"诗曰:'将欲毁之,必重累之。将欲踣之,必高举之'",《战国策·魏策一》和《韩非子·说林》中有"周书曰:'将欲败之,必姑辅之。将欲取之,必姑与之'"这类格言警句式的话,《吕氏春秋·行论》说是出自《诗经》,《战国策·魏策一》和《韩非子·说林》说是出自《周书》,因此,《老子》中类似的表达有可能来自比它更早的《诗经》或《周书》,或者直接采自民间谚语、格言、警句。另外,如"合抱之木,生于毫末。九层之台,起于累土。千里之行,始于足下"(六十四章)也具有谚语、格言、警句的性质,类似的表述,多见于先秦文献,如在推断抄写时间为战国中期的上海博物馆藏战国楚简①《凡物流形》篇中就有"登高从卑,致远从迩。十围之木,其始生如蘖。足将至千里,必从寸始"②。这些谚语、格言、警句被接纳的时间,有可能在《老子》创作当初,也有可能是在流传过程中,被后人作为同类思想而植入。

读楚简本和帛书本《老子》,可以发现,其中有大量的虚词,如"也"、"之"等等,读上去自由而舒缓,今本则省去了不少,也就是说楚简本和帛书本《老子》诗的、文学的味道更浓,今本哲学的味道更浓。《老子》在流变过程中,有一个文本趋同、语言趋同、思想聚焦的过程③,这表明,《老子》中既有某一两个人天才创作的成分,也是数百年间无数人共同创作的过程,这一过程要到汉代才基本结束。笔者在此不使用"日臻完善"这样的词,是因为究竟哪个本子更接近老子真意,可以说百人百义。有学者竭力要拼凑出一个理想的老子文本来,其实,这是徒劳的、无意义的。《老子》有流变的过程,其语言和思想随着时代的变迁而各异,从不同的文本中读出不同的韵味,这才是其魅力所在。所谓的理想文本,未必能代表老子的本意,充其量只是制作者心目中理想的形态。

六 结　　语

不知你有无这样的感受:在飞机上看地球,在宇宙飞船上看地球,和你身处地球时是完全不同的气象;过几十年后看今天的事,

---

① 上海博物馆藏战国楚简为盗掘文物,购自香港古董市场,无法确定其考古学年代,只能推断其年代。
② 马承源主编:《上海博物馆藏战国楚竹书(七)》,《凡物流形》篇释文,上海:上海古籍出版社,2008年。
③ 参照刘笑敢:《老子古今》上卷,《导论一》。

过千百年后看今天的事,和你身处现实时有不可思议的差异。

老子就是这样一个站在千万米的高度、跨越千年的历史观察人类的智者。在他眼里,杂乱无章中暗含着秩序,散漫无经中暗含着严整,荒唐无稽中暗含着睿智,迟涩凝滞中暗含着生动。因此,小的无序、小的混乱、小的冲突、小的恩怨,其实正是生物丰富多样性的正常体现,正是人类盎然生机的必然结果,只要能够遵循无为自然的法则,地球上的芸芸众生就会相安无事地和谐共存下去,并各展其风采。那些刻意为之的工整、你死我活的压迫、无休无止的争夺、贪得无厌的欲望,才是地球和人类的大敌。老子及道家关切的是宏大的宇宙秩序,忧虑的是整体的人类命运,揭示的是深层的思维困境,提出的是特殊的救世之道。他的智慧历久弥新,永永远远散发着光彩。

万事万物,必有始有终,有盛有衰,有聚有散,有生有死,如奔腾的江水无法挽留,如变幻的风云永不停歇。凡人会叹息那如春梦朝露般短暂的青春,那如易碎琉璃般脆弱的爱情,那如雨中浮萍一般难以捉摸的聚散。凡人会渴望拥有永远美丽的容颜,拥有世代相传的权位,拥有永世不竭的财富。凡人会在追逐中失落,在担忧中惆怅,在执拗中疯狂。老子不会对你加以呵斥,不会为你擦去眼泪,也不会笑话你的浅陋,只会默默地看着这一切,因为这就是真实的人生。在他眼中,没有无用之人,也没有无用之材;没有绝对的善恶,也没有绝对的美丑。

面对浩浩茫茫的宇宙,人的一生,就如流星般一眨眼便消失在漫长的时空,所有的人、所有的努力、所有的恩怨、所有的成败,放在时空长河中去看,实在微不足道。

但是,当你向老子求助时,他会教我们学会平静坦然地面对这世间的一切,懂得将小我融入天地的博大中去,不强求,不偏执,宁静淡泊、豁达高旷、宠辱不惊、知足常乐。让我们学会像婴儿一样单纯,对万事万物存一颗童真之心,从简单的生活中寻找真正而长久的快乐,从身边的每一朵花、每一株草、每一片云、每一滴雨、每一个笑容、每一点喜悦、每一次感动中,寻觅诗的意境,以审美的心态感受自然和人生的美妙。

忘了是哪位哲人,写过以下这样一段话,似乎最能真切地反映出笔者写完这本小书时的心情。

独步闲庭,夜静风凉。呼吸着带着草木气息的空气,聆听角落里秋虫的鸣叫,一切都是那么恬静美好。这一刻,在我们这个星球上,不知有多少生命诞生,又有多少生命死亡;在黑茫茫的宇宙中,又有多少个星云在形成,多少个星体在毁灭。然而,这一切都是天地间最平常的事情,无须惊讶,无须感叹。暂时忘却明天还要有什么事情要忙,闭上眼睛,把整个身心沐浴在夜空的星光下,轻飏的清风里,一股温暖的感觉在体内流转,风吹在脸上,像儿时的我被母亲的手在轻轻地抚摸,一切都不再重要,一切都不再恐惧,一朵芬芳艳丽的花瓣在心中绽开。

不管明天有雨还是有太阳,那都是美好的一天。

七 校注说明

(一)本书涉及楚简本、帛书本、河上公本、傅奕本、王弼本五个版本,原文以王弼本为主。

(二)本书校勘所用主要版本是:

1.楚简本以荆门市博物馆编《郭店楚墓竹简》中的《老子》释文为底本。2.帛书本以国家文物局古文献研究室编《马王堆汉墓帛书(壹)》中的《老子》甲乙本为底本。3.河上公本以王卡点校《老子道德经河上公章句》为底本。4.王弼本以楼宇烈校释《王弼集校释》为底本。5.傅奕本以明刊正统道藏本为底本。6.同时参考岛邦男《老子校正》所收各传世本。

(三)本书校注主要参考著作是:

1.朱谦之《老子校释》。2.陈鼓应《老子注译及评介》。3.任继愈《老子新译》。4.高明《帛书老子校注》。5.池田知久《郭店楚简老子研究》。6.池田知久《老子》(马王堆出土文献译注丛书)。7.刘笑敢《老子古今》上下卷。

(四)本书校勘力求简明,不出繁琐校语。随注说明笔者以为应当改正处及其依据。

(五)本书注释力求简明、准确,不做白话翻译,仅对重要名词术语作出阐释。

(六)本书"通说"部分引文直接采用笔者校勘后的文字。

(七)论著的出版信息详见本书最后"参考文献"。不见于"参考文献"者,直接放在页下注中。

一　　章

道可道①,非常道②。名可名③,非常名④。

[注释]①第一个"道"指一般的道理。第二个"道"是动词,作谓语。可道:能说出来。　②第三个"道"是老子创造的哲学概念。常道:恒常之道,不同于普通道理的绝对之道。非常道:能用普通语言来说明的"道"不是恒常之道、绝对之道。"常"字,马王堆帛书本除十六章和五十二章外,其余均作"恒"。郭店楚简本无与此章对应文字,但其他章所见"常"均作"恒"。改"恒"作"常",是西汉时为避汉孝文帝刘恒讳,后沿用至今。　③第一个"名"指一般事物的名称。第二个"名"是动词,作谓语。可名:能够称呼、命名。④常名:恒常之名,不同于普通事物的名称。非常名:能用普通语言来表达的名称不是恒常之名。

无名,天地之始①。有名,万物之母②。

[注释]①无名:实际上指的就是"道","道"是无以名之,不能用普通语言来表达的。天地之始:这种"无名"的境界是天地的初始状态。马王堆帛书本作"万物之始"。　②有名:可以用普通语言来表达的、确定的名称。万物之母:万物得以形成、确立之根源,万物只有通过名、言才能得以区分和指认。

此二句,河上公本、王弼本均以"无名"、"有名"断句。《史记·日者列传》有"此老子所谓'无名者,万物之始也'"。北宋司马光、王安石以后,有很多学者读为:"无,名天地之始。有,名万物之母。"即用"无"指称天地的本始,用"有"表示万物的根源,认为《老子》一开始就有"有"、"无"相对的哲学观念。可备一说。

故常无欲①,以观其妙②。常有欲③,以观其徼④。

[注释]①无欲:指人进入虚静状态,没有欲望和杂念。和上文"无名"对应。 ②其妙:指"道"不可言说之奥妙。 ③有欲:和上文"有名"对应,指有观察形而下的、世俗的世界之欲望。 ④以观其徼:以观世界的边际、极限。马王堆帛书本作"以观其所噭"。"徼",《说文》:"徼,循也。"《经典释文》:"徼,边也。"河上公注曰:"常有欲之人,可以观世俗之所归趣也。"

此二句,马王堆帛书本作"故恒无欲也,以观其妙。恒有欲也,以观其所噭"。可见以"无欲"、"有欲"断句。北宋司马光、王安石以后,有很多学者读为:"故常无,欲以观其妙。常有,欲以观其徼。"强调《老子》"有"、"无"对立的哲学思辨性。可备一说。

此两者同出而异名①,同谓之玄②。玄之又玄,众妙之门③。

[注释]①两者:指"无名"、"有名"。同出而异名:来源相同但名称不同。"同出",即同出于"道"。 ②玄:深远不可测,用来形容"道"。同谓之玄:都可以称其为玄远。此句,马王堆帛书本作"两者同出,异名同谓"。 ③众妙之门:"道"是一切奥妙、变化的总门。

二　章

天下皆知美之为美,斯恶已①。皆知善之为善,斯不善已②。

[注释]①天下皆知美之为美:天下都知道美之所以为美。斯:这、此。斯恶已:这就出现了何为丑恶的意识。马王堆帛书本和郭店楚简本均无"斯"字。　②皆知善之为善:(天下)都知道善之所以为善。斯不善已:这就出现了何为不善的意识。此句马王堆帛书本作"皆知善,斯不善已"。郭店楚简本作"皆知善,此其不善已"。

故有无相生①,难易相成②,长短相较③,高下相倾④,音声相和⑤,前后相随⑥。

[注释]①相生:相互对立而产生。　②相成:相互对立而形成。③相较:郭店楚简本和马王堆帛书本及河上公本、傅奕本等古本均作"相形"。"形"、"倾"为韵,作"形"义胜。相形,相互对立而显现。　④相倾:相互对立而依靠。郭店楚简本和马王堆帛书本均作"相盈"。"盈"即包容,不排斥。"倾"或为避汉孝惠帝刘盈讳而改。　⑤相和:相互对立而协ова。　⑥前后:郭店楚简本和马王堆帛书本均作"先后"。相随:相互对立而出现。马王堆帛书本中,"相随"后面有"恒也"二字。

是以圣人处无为之事①,行不言之教②。万物作焉而不辞③,生而不有④,为而不恃⑤,功成而弗居⑥。夫唯弗居,是以不去⑦。

[**注释**]①圣人:指《老子》作者心目中的理想统治者。处无为之事:以"无为"处事。　②不言之教:"不言"亦即无为,不以行政命令干涉下层或百姓。又见四十三章。　③作:兴起、生发。万物作焉:听任万物成长。不辞:即"不治"或"不司",不干涉、不阻碍,三十四章有"万物恃之而生而不辞"。郭店楚简本和马王堆帛书本均作"万物作而弗始",傅奕本作"万物作而不为始",意为圣人不以万物的首倡者或起始者自居,也有学者读"始"为"治"。④生而不有:生养万物而不占有、私有。郭店楚简本和马王堆帛书本无"生而不有"。此句又见十章、五十一章。　⑤为而不恃:对万物有所作为而不居功自负。此句又见十章、五十一章。　⑥郭店楚简本作"成而弗居",马王堆帛书本作"成功而弗居"。　⑦唯:因为。去:指功绩不会失去。

三　章

不尚贤,使民不争①。不贵难得之货②,使民不为盗。不见可欲③,使民心不乱④。

[注释]①尚贤:推崇有才干者。争:竞争、争斗。　②难得之货:稀有物品。十二章有"难得之货令人行妨"。　③不见可欲:统治者不显露那些会激发欲望的东西。　④马王堆帛书本作"使民不乱"。

是以圣人之治,虚其心①,实其腹。弱其志②,强其骨。常使民无知无欲,使夫智者不敢为也③。为无为④,则无不治。

[注释]①其:指民,以下同。虚其心:使人头脑简单。　②弱其志:使人志气削弱。　③智者:玩弄智巧、聪明的人。不敢为:不敢妄为。马王堆帛书本作"使夫知不敢"。　④为:做,实行。无为:无为之策。

四　章

道冲①,而用之或不盈②,渊兮③,似万物之宗④。

[注释]①冲:傅奕本作"盅"(中空的器皿),"冲"通"盅","盅"即虚,与"盈"相对。　②盈:傅奕本作"满"。用之或不盈:怎么用也不会满,怎么用也用不完。意即"道"就像"盅"一样,是空虚的,永远也填不满,用之不穷。四十五章"大盈若冲,其用不穷"与此接近。　③渊:深。　④宗:根源。

挫其锐①,解其纷②,和其光③,同其尘④。

[注释]①挫:抑制,减损。锐:锋芒。　②解:排解。纷:纠葛、纠纷。③和:混同,混合。光:光芒,光是难以分割之物。和其光:调和光彩光芒。将自身的光和其他的光混在一起,意为不分彼此。　④同:混同,混合。尘:尘土,尘是难以分割之物。同其尘:混同尘凡。将自身的土和其他的土混在一起,意为不分彼此。

这四句意为收敛锋芒,韬光养晦,低调做事,混同于尘俗。又见五十六章,有学者以为此处为衍文。

湛兮①,似或存②。吾不知谁之子③,象帝之先④。

[**注释**]①湛:指水澄澈、幽深,此处形容"道"无形无象。 ②似或存:似存非存。 ③马王堆帛书本作"吾不知其谁之子",此句意为:我不知"道"从哪里产生出来。 ④象:似乎。帝之先:道在上帝神灵之先。

五　章

天地不仁①,以万物为刍狗②。圣人不仁,以百姓为刍狗。③

[注释]①天地不仁:天地无所谓仁慈。　②刍狗:古代祭祀时,用草扎的狗,用后即弃,任其自生自灭。以万物为刍狗:这是以刍狗为喻,说天道任万物自存自毁。　③这一句是说,圣人行无为之政,任百姓自由自主地生存。

天地之间,其犹橐籥乎。①虚而不屈②,动而愈出③。

[注释]①天地之间:万物生成的界域。橐籥:"橐"指排橐,一种鼓风器具。"籥"指籥管。橐籥均中空,可以象征天地间之虚廓。一说,橐籥就是风箱,冶炼时用来鼓风吹火的装置。　②虚而不屈:虽然虚空,但不会穷竭。　③动而愈出:橐籥愈动,气流愈大。

此数句象征天地具有无限大的生成作用。郭店楚简本只有这段话,无其前后部分。

多言数穷①,不如守中②。

[注释]①多言:指政令频出。数:音朔,意为频频。数穷:往往失败。此句马王堆帛书本作"多闻数穷,不若守于中"。多闻即博学,那么此句意为,学识越多,越陷困穷。　②中:通"冲",意为"虚"。守中:保持虚静。

六　章

谷神不死①,是谓玄牝②。玄牝之门,是谓天地根。③

[注释]①谷:山谷,象征虚空。谷神:深邃、空寂的神,指代"道"。不死,永恒存在。一说,"神"意为渺茫恍惚、变化无穷。"谷"、"神"、"不死"是"道"的三种写照,即虚空无形而变化莫测、永恒不灭,以此喻"道"。　②牝:女性生殖器官。　③此句用玄牝之门象征"道"是深远的、看不见的,是天地间万物发生的根源。

绵绵若存①,用之不勤②。

[注释]①绵绵若存:连绵不绝,似断还连。　②勤:通"尽"。用之不勤:指"道"怎么用也不会穷尽。

七　章

　　天长地久,天地所以能长且久者①,以其不自生②,故能长生。

　　[注释]①所以:马王堆帛书本作"之所以"。　②以其不自生:因为天地不只顾自己的生存。

　　是以圣人后其身而身先①,外其身而身存②。非以其无私邪③?故能成其私④。

　　[注释]①后其身:置己身于他人之后。马王堆帛书本作"退其身"。后其身而身先:不计较个人的名利得失,结果反而处身人先。　②外其身而身存:置己身于度外,结果反而保存自身。马王堆帛书本作"外其身而身先"。③非以其无私邪:反问句,不正是因为圣人无私吗?　④故能成其私:所以能成就其自身。

八　章

上善若水①,水善利万物而不争②,处众人之所恶③,故几于道④。

[注释]①上善若水:最高的善如水一般。　②利:利于,对……有利。善利万物:善于帮助万物。不争:不与万物争胜。　③此句是说水处于众人所不喜欢的卑下的地方。马王堆帛书本作"居众人之所恶"。　④几:接近。

居,善地。①心,善渊。②与,善仁。③言,善信。④正,善治。⑤事,善能。⑥动,善时。⑦

[注释]①此句意为居处善于选择地方。　②渊:深。此句意为心思善于保持深沉。　③与:交接,交友。此句意为交友善于相敬相爱。　④此句意为言语善于守信。　⑤正:政。此句意为为政善于治理。　⑥此句意为处事善于发挥才能。　⑦此句意为行动善于把握时机。

此数句指上善之人具有的品德。

夫唯不争,故无尤。①

[注释]①尤:怨咎。此句意为因为谦卑无争,所以没有怨咎、过失。

九　章

持而盈之,不如其已。①揣而梲之,不可长保。②金玉满堂,莫之能守。③富贵而骄,自遗其咎。④

[**注释**]①持:保持。盈:盈满。已:放弃,罢手。此句意为抓住不放,追求圆满,不如松手不要。　②揣:击打。梲:河上公本作"锐",即锐利。此句意为打磨得非常锋利(的兵器),反而容易折断,不能保持长久。　③金玉满堂:郭店楚简本和马王堆帛书本作"金玉盈室"。莫之能守:没有谁能守住。④富贵而骄:郭店楚简本作"贵富骄",马王堆帛书本作"贵富而骄"。自遗其咎:自己把灾祸招来。

功遂身退,天之道。①

[**注释**]①遂:成功,实现。此句意为功成之后自身隐退,功成而不居,这才符合天之道。

十　章

载营魄抱一,能无离乎。①专气致柔,能婴儿乎。②涤除玄览,能无疵乎。③爱民治国,能无知乎④。天门开阖,能无雌乎。⑤明白四达,能无为乎。⑥

[注释]①载:可能是"哉"假借,隶属上句。即前一章最后一句应读为"天之道哉"。营魄:精神、灵魂。一:即"道"。抱一:守于"一",守于"道"。二十二章有"是以圣人抱一为天下式"。能无离乎:能不离所守之"道"吗? ②专气:马王堆帛书本作"抟气",即凝气、聚气。致柔:致力于柔和。能婴儿乎:能做到婴儿的地步吗? ③涤除:洗除、清除。玄览:马王堆帛书本作"玄鉴","玄鉴"即深隐之镜,在此比喻内心。涤除玄览:清除杂念。无疵:没有瑕疵。能无疵乎:马王堆帛书本作"能毋有疵乎"。 ④能无知乎:"知"通"智",能不用智巧吗? 马王堆帛书本作"能毋以知乎"。老子崇尚自然无为,反对智巧。六十五章有"故以智治国,国之贼。不以智治国,国之福"。⑤天门开阖:指天地间的阴阳相推、对立变化。马王堆帛书本作"天门启阖"。能无雌乎:马王堆帛书本、傅奕本作"能为雌乎",河上公本作"能为雌",为雌:即做到柔弱、谦下、守静,作"能为雌乎"义胜。二十八章有"知其雄,守其雌,为天下豀"。此句表示:处在自然的对立变化中,人能柔弱守静吗? ⑥明白四达:通晓四方。能无为乎:马王堆帛书本作"能毋以知乎",河上公本作"能无知",如果说这里还是在谈是否用智的问题,那么作"能毋以知乎"义

胜,意为:"能不用智巧、心机吗?"

  生之畜之①,生而不有,为而不恃②,长而不宰③,是谓玄德④。

  [**注释**]①生:产生。畜:养育。　②生而不有,为而不恃:参见第二章注释。马王堆帛书本无"为而不恃"。　③长:作为其首长。宰:主宰。④这就是最深远的德。

十一章

三十辐共一毂①,当其无,有车之用②。埏埴以为器③,当其无,有器之用④。凿户牖以为室⑤,当其无,有室之用⑥。

[注释]①辐:古代车轮中连接轴心和轮圈的辐条。毂:车轮中心的圆孔,里面插轴,外面承辐。三十辐共一毂:三十根辐条集中到一个毂上。②无:指轮辐间虚空的地方。当其无,有车之用:因为有那个虚空的存在,车子才能发挥作用。　③埏:揉和。埴:黏土,即陶泥。埏埴:和泥制陶。④当其无,器之用:因为中间是空的,才能发挥器皿的作用。　⑤户牖:门窗。　⑥当其无,有室之用:因为有房屋内的空间,才能发挥房屋的作用。

故有之以为利①,无之以为用②。

[注释]①有之以为利:"有"即实体给人以效益。　②无之以为用:"无"即虚空给人以作用。

十 二 章

五色令人目盲①,五音令人耳聋②,五味令人口爽③。

[注释]①五色:并不一定指青、黄、赤、白、黑五种颜色,强调色彩缤纷。目盲:眼花缭乱,眼睛无法辨别色彩。 ②五音:并不一定指宫、商、角、徵、羽五种声音,强调音乐动听。耳聋:耳朵无法辨别声音。 ③五味:并不一定指酸、苦、甘、辛、咸五种味道,强调食物丰美。爽:败、伤。口爽:嘴巴无法辨别味道。

马王堆帛书本有此三句,但次序不同,首句相同,后二句作"五味使人之口爽,五音使人之耳聋"。

驰骋畋猎,令人心发狂。①难得之货②,令人行妨③。

[注释]①驰骋畋猎:跑马打猎。心发狂:放荡而不可抑制。 ②难得之货:稀罕物品。 ③妨:伤害。令人行妨:使人做伤害别人的行为。实际上就是抢夺。三章有"不贵难得之货,使民不为盗"。

是以圣人为腹不为目①,故去彼取此②。

[注释]①为腹不为目:只求吃饱肚子,不求声色的满足。 ②彼:即"目"。此:即"腹"。去彼取此:放弃物欲,过平淡的生活。

十三章

宠辱若惊①,贵大患若身②。

[注释]①宠辱:受宠和受辱。惊:惊慌、心乱。郭店楚简本作"人宠辱若缨","缨"通"撄","撄"有"扰乱"之意。若:乃,就。宠辱若惊:一般的人受宠和受辱都会惊惶。　②贵:重视。若:好像,如同。贵大患若身:重视大患如同重视自己身体、生命。

何谓宠辱若惊①?宠为下②,得之若惊,失之若惊③,是谓宠辱若惊。

[注释]①郭店楚简本作"何谓宠辱"。　②下:卑下、下等。马王堆帛书本作"宠之为下也"。　③得之若惊,失之若惊:得之便会惊喜,失之便会惊惶。指将虚荣看得太重,患得患失。

何谓贵大患若身?吾所以有大患者,为吾有身①,及吾无身,吾有何患②?

[注释]①吾所以有大患者,为吾有身:我所以有大患,是因为我有这个身体、生命。　②及吾无身,吾有何患:当我没有这个身体、生命时,我还有什么祸患呢?马王堆帛书本作"有何患?"

故贵以身为天下①,若可寄天下②。爱以身为天下③,若可托天下④。

[**注释**]①贵以身为天下:能够以重视自己身体、生命的态度去为天下。马王堆帛书本作"故贵为身于为天下"。　②若:乃,就。可寄天下:可以把天下寄托给他。此句郭店楚简本和马王堆帛书本均作"若可以托天下矣"。③爱以身为天下:能够以爱护自己身体、生命的态度去为天下。　④此句郭店楚简本作"若可以达天下矣",马王堆帛书本作"如可以寄天下矣"。

十四章

视之不见名曰夷①,听之不闻名曰希②,搏之不得名曰微③。此三者不可致诘,故混而为一。④

[注释]①此句意为用眼无法看到的对象叫做"夷"。马王堆帛书本作"视之而弗见,名之曰微"。 ②此句意为用耳无法听到的对象叫做"希"。③此句意为用手无法抓到的对象叫做"微"。马王堆帛书本作"捪之而弗得,名之曰夷"。 ④三者:指"夷"、"希"、"微"。不可致诘:没法用人的感官、经验去追究、把握。混而为一:这三者没有区别。意思是说三者都是"道"的象征。

其上不皦,其下不昧。①绳绳不可名,复归于无物。②是谓无状之状,无物之象。③是谓惚恍④。迎之不见其首,随之不见其后。⑤

[注释]①皦:光亮。其上不皦:它上面并不光亮。昧:暗昧。其下不昧:它下面并不阴暗。此句马王堆帛书本作"一者,其上不谬,其下不忽"。②绳绳:连绵不绝。不可名:无法名状。此句马王堆帛书本作"寻寻呵不可名也"。复归:还原,返回。无物:没有物体,无名无形的本原状态。十六章有"复归其根"。 ③无状之状:没有物体形状的形状。无物之象:没有物体形

象的相貌。 ④惚恍:若有若无,若即若离。 ⑤迎之不见其首:迎着它,看不见它的头。随之不见其后:跟着它,看不见它的尾。

执古之道,以御今之有。①**能知古始,是谓道纪。**②

[**注释**]①执古之道:遵循、把握古已有之的"道"。有:指具象的、现实的世界。御今之有:驾驭、支配现实的世界。 ②能知古始:能知太初的本原。有学者以为"始"通"治",古治:即古代的无为而治。道纪:"道"的纲要、规律。

十五章

古之善为士者①,微妙玄通②,深不可识③。

[注释]①善为士:善于懂得"道"的人。郭店楚简本作"长古之善为士者",马王堆帛书本作"古之[善]为道者"。　②微妙玄通:精微、玄远、通达。郭店楚简本作"微溺玄达",马王堆帛书本作"微妙玄达"。　③深不可识:深不可测,不为一般人所能理解。

夫唯不可识,故强为之容①。豫焉若冬涉川②,犹兮若畏四邻③,俨兮其若容④,涣兮若冰之将释⑤,敦兮其若朴⑥,旷兮其若谷⑦,混兮其若浊⑧。

[注释]①强为之容:勉强加以形容、描述。郭店楚简本作"是以为之容",马王堆帛书本在"故强为之容"后有"曰"字。　②豫:犹豫,小心。若冬涉川:像冬天过河。　③犹:犹豫,警觉。若畏四邻:像是担心四周的围攻。　④俨:恭敬、严肃。其若容:郭店楚简本、马王堆帛书本、河上公本均作"其若客",作"客"义胜。意为像是做客,"容"、"客"二字形近易讹。　⑤涣:松散、易碎。在此意为舒适、通畅。若冰之将释:如冰将要消融。郭店楚简本作"其若释",马王堆帛书本作"其若凌释"。　⑥敦:厚重、朴实。朴:未经雕琢的素材。　⑦旷:旷达,虚怀。其若谷:如同深山幽谷般虚旷。郭店楚简本无此

句。　⑧混：混浊不清，引申为浑厚、包容。若浊：如江河般混浊厚重。郭店楚简本作"坉乎其若浊"，马王堆帛书本作"浑呵其若浊"。

孰能浊以静之徐清①，孰能安以久动之徐生②。保此道者不欲盈③，夫唯不盈，故能蔽不新成④。

[**注释**]①孰：谁。浊：与下面的"安"对应，指动荡之时。孰能浊以静之徐清："浊"、"清"相对。谁能在动荡之时安静下来慢慢变得清澄。此句郭店楚简本作"孰能浊以静者，将徐清"，意思更为清楚。马王堆帛书本作"浊而静之，徐清"。　②孰能安以久动之徐生："安"、"生"相对。谁能在安静之时变动起来慢慢打破安静。久：疑为衍文。此句郭店楚简本作"孰能庀以迬者，将徐生"，有待考证。马王堆帛书本作"安以动之，徐生"。　③保此道者：持守大道者。盈：自满。此句郭店楚简本作"保此道者不欲尚盈"。　④唯不盈：因为不自满。蔽不新成：意为能坚持保守而不求新成，这和"不欲盈"也是一致的。郭店楚简本无此句，马王堆帛书本作"是以能蔽而不成"。此句有学者认为当作"蔽而新成"，"不"是"而"之误，"蔽"与"新"相对，意为"旧"。"蔽而新成"意为"除旧更新"。二十二章有"敝则新"可以为例。

十六章

致虚极,守静笃。①万物并作,吾以观复。②夫物芸芸,各复归其根。③归根曰静,是谓复命。④复命曰常,知常曰明。⑤

[注释]①致虚极:使心灵达致虚无的极致。郭店楚简本作"致虚恒也",楚文字中"极"、"恒"常通用。守静笃:坚守住清静的极致。"极"、"笃"相对为文。郭店楚简本作"守中笃也"。 ②万物并作:万物共同成长。郭店楚简本作"万物方作",则意为万物刚开始生长。吾以观复:我将观察万物的循环往复。郭店楚简本作"居以须复也"。 ③此句意为虽然万物纷纭,但都会复归其本根。郭店楚简本作"天道员员,各复归根",马王堆帛书本作"天道魂魂,各复归于其根"。 ④此句是说回到出发点叫做"静",这一过程可称之为"复命"。 ⑤复命曰常:"复命"是"天道"的常理常态。知常曰明:能够体悟领会这种常理常态就进入了"明"的境界。

不知常,妄作凶。①知常容②,容乃公③,公乃王④,王乃天⑤,天乃道⑥,道乃久⑦,没身不殆⑧。

[注释]①妄作凶:学者一般标点为"妄作,凶",就是说"不知常",就会"妄作",就会有"凶"的结果。此句马王堆帛书本作"不知常,妄,妄作凶"。

②知常容:认识了"常",就会包容。　③容乃公:包容就会公平不偏。　④公乃王:公平不偏就能统摄天下。　⑤王乃天:统摄天下就能与"天"一致。　⑥天乃道:与"天"一致就能与"道"相符。　⑦道乃久:体道者能够长治久安。　⑧没身不殆:终身没有危险。

十七章

太上，下知有之。①其次，亲而誉之。②其次，畏之。③其次，侮之。④

[注释]①太上：指最好的统治者。一说最好的时代。下：下面的人。下知有之：下面的人仅仅知道统治者的存在。 ②其次：差一级的统治者。亲而誉之：下面的人亲近他、赞誉他。 ③其次：再差一级的统治者。畏之：下面的人怕他。 ④其次：更差一级的统治者。侮之：下面的人蔑视他。

信不足，焉有不信焉。①悠兮其贵言②。功成事遂，百姓皆谓我自然。③

[注释]①信不足：统治者的诚信不足。焉：于是。焉有不信：于是有百姓对统治者的不信任。 ②悠：悠闲。郭店楚简本和马王堆帛书本作"犹"。悠兮其贵言：最好的统治者悠然自得，很少发出政令。二章有"圣人处无为之事，行不言之教"。 ③功成事遂：郭店楚简本作"成事遂功"，马王堆帛书本作"成功遂事"。百姓皆谓我自然：谓，评价。我，指统治者。此句可读为"百姓皆谓：我自然"，百姓都称赞统治者的统治方式符合无为自然的原则。一说，此句意为：百姓都说这是他们自己自然而然做到的。郭店楚简本作"而百姓曰我自然也"。

十八章

　　大道废,有仁义。① 慧智出,有大伪。② 六亲不和,有孝慈。③ 国家昏乱,有忠臣。④

　　[注释]① 此句是说,大"道"被废弃之后,才出现了"仁义"这种人类的道德价值标准。郭店楚简本和马王堆帛书本均作"故大道废,安有仁义"。"故"字表明十八章与十七章有因果关联。"安"是"焉"字假借,意为"于是",强调了前后关系。　② 此句是说,人类的智巧出现之后,才产生了严重的伪诈。郭店楚简本无此句,马王堆帛书本作"智慧出,安有大伪"。　③ 此句是说,因为有六亲不和的现象出现,才产生了"孝慈"这种人类的道德价值标准。郭店楚简本和马王堆帛书本均作"六亲不和,安有孝慈"。　④ 此句是说,因为国家陷入混乱,才出现了所谓的"忠臣"。郭店楚简本"国家"作"邦家",汉代避刘邦讳,改"邦"为"国"。郭店楚简本作"国家昏乱,安有贞臣",马王堆帛书本作"国家昏□,安有正臣"。

十九章

绝圣弃智,民利百倍。①绝仁弃义,民复孝慈。②绝巧弃利,盗贼无有。③

[注释]①此句是说,不要聪明,抛弃智巧,人民可以得到百倍好处。郭店楚简本作"绝智弃辩,民利百倍"。 ②此句是说,放弃"仁义"这些道德价值标准,人民可以恢复孝慈的天性。此处的"孝慈"和十八章的"六亲不和,有孝慈"不同,十八章指的是"六亲不和"之后才出现"孝慈"这种外在的道德规范,这里说"民复孝慈",指的是恢复人本身具有的"孝慈"之天然本性。老子并不反对"孝慈"等德性,反对的是流于形式的规范。郭店楚简本作"绝伪弃诈,民复孝慈"。 ③此句是说,杜绝精巧(之物)和货利,盗贼就消失了。

此三者以为文不足,故令有所属。①见素抱朴,少私寡欲。②

[注释]①此句意为:上面这三句话,还不足以穷尽其义,所以还要有所延伸。属:音诸。连属、续接之义。"属"、"续"音近可通。郭店楚简本作"三言以为辨不足,或命之或乎续"。马王堆帛书本作"此三者也,以为文未足,故令之有所属"。 ②见:体现。抱:秉持。见素抱朴:体现单纯,秉持朴素。少私寡欲:减少私心,降低欲望。

二十章

绝学无忧①。

[注释]①此句意为:抛弃学问,就能免于忧虑。以前有学者以为此句应是十九章最后一句。郭店楚简本有此句,但与十九章无关,因此此句属二十章无误。

唯之与阿,相去几何。①善之与恶,相去若何。②人之所畏,不可不畏。③荒兮,其未央哉。④

[注释]①唯:下对上恭敬的应答声。阿:上对下怠慢的应答声。唯之与阿:在此指代上下贵贱。相去几何:相差多少。 ②此句意为:"善"与"恶",相差多少。相去若何:郭店楚简本、马王堆帛书本、河上公本均作"相去何若"。 ③此句意为:别人所怕的,也不能不怕。 ④荒:广大无边。未央:没有尽头,没有截止。此句的意思可能是,这些道理真是广阔无边啊。

众人熙熙,如享太牢,如春登台。①我独泊兮其未兆,如婴儿之未孩。②儽儽兮若无所归③。众人皆有余,而我独若遗。④

[注释]①熙熙:安和快乐、无忧无虑的样子。太牢:古代祭祀或宴会,牛羊豕三牲具备谓之太牢。这里泛指隆重筵席。春登台:春天登上高台,眺览胜景。这几句比喻众人心情之愉快舒畅。　②泊:淡泊、恬静。兆:征兆。孩:"咳"的通假字,婴儿之笑声。马王堆帛书本作"咳"。此句是说:我却淡淡地,无动于衷,像不会嬉笑的婴儿。　③儽儽:此字通"累",无精打采、颓丧失意的样子。若无所归:仿佛无家可归。　④此句意为:别人都十分满足,而我像丢失了什么。

我愚人之心也哉①。沌沌兮②。俗人昭昭,我独昏昏。③俗人察察,我独闷闷。④澹兮其若海,飂兮若无止。⑤众人皆有以,而我独顽似鄙。⑥我独异于人,而贵食母。⑦

[注释]①此句意为:我真是愚人之心肠。　②沌沌:混混沌沌。③昭昭:很清楚、很高明的样子。昏昏:昏聩糊涂的样子。　④察察:精明灵巧的样子。闷闷:懵懵懂懂的样子。　⑤澹:淡泊沉静。飂:高风、急风,形容飘忽无定。无止:没有停留的地方。此二句马王堆帛书本作"忽呵其若海,恍呵若无所止"。有学者以为此二句与上下文不合,当移入十五章"混兮其若浊"下。　⑥有以:有用,有本领,有所施展。顽、鄙:都是笨拙无能的意思。"而我独顽似鄙":"似"当读为"以",表示连接,意为"而且"。马王堆帛书本作"我独门顽以鄙","门"字可能是衍文。　⑦食母:生之本,亦即吃饭之事。此句意为:我不同于别人,只看重吃饭。三章有"实其腹",十二章有"圣人为腹不为目",可参考。或曰食即用,母指"道"。食母,即守"道",用"道"。或曰"食母"为乳母,指代生养万物之母,也即"道"。

二十一章

孔德之容,惟道是从。①道之为物,惟恍惟惚。②惚兮恍兮,其中有象。③恍兮惚兮,其中有物。④窈兮冥兮,其中有精。⑤其精甚真,其中有信。⑥

[注释]①孔:大。大"德"之内容、样态。惟道是从:随"道"转移。②恍、惚,多表示不清楚。此句是说:"道"这种东西,恍恍惚惚,无法把握。③此句是说:恍恍惚惚中有形象在。 ④此句意为:恍恍惚惚中有东西在。⑤窈:深远。冥:暗昧。此句表示:在深远暗昧中蕴藏着"精"(本质性的、关键性的东西)。 ⑥此句表示:这种本质性的、关键性的东西是真实的、可信的。

自古及今,其名不去,以阅众甫。①吾何以知众甫之状哉,以此。②

[注释]①自古及今:马王堆帛书本作"自今及古"。名:指"道"之名。不去:不会抹去。甫:"父"字假借,始源之意。以阅众甫:以观察、认识万物之始。马王堆帛书本作"以顺众父"。 ②此句意为:我怎么知道万物开始的情况呢?是从"道"那里得到认识的。马王堆帛书本作"吾何以知众父之然哉,以此"。

二十二章

曲则全①,枉则直②,洼则盈③,敝则新④,少则得⑤,多则惑⑥。是以圣人抱一为天下式⑦。

[注释]①曲则全:委屈者反能保全。 ②枉则直:弯曲者反能正直。马王堆帛书本作"枉则正"。 ③洼则盈:卑下者反能盈满。 ④敝则新:凋敝者反能新生。 ⑤少则得:少取者反能多得。 ⑥多则惑:贪多者反会迷惑。 ⑦一:指"道"。式:式盘,一种占卜工具,其结果有法则意义。此句意为:所以圣人利用"道"作为治理天下的法则。马王堆帛书本作"是以圣人执一为天下牧"。

不自见,故明。①不自是,故彰。②不自伐,故有功。③不自矜,故长。④

[注释]①此句意为:不只凭自己所见,所以看得分明。马王堆帛书本作"不自示(视)故章"。 ②此句意为:不自以为是,所以是非昭彰。 ③此句意为:不自我夸耀,所以能建功立业。 ④此句意为:不自我骄矜,所以能成为领袖。

夫唯不争,故天下莫能与之争。①古之所谓曲则全者,岂虚言哉,诚全而归之②。

[注释]①唯:因为。此句意为:正因为不与人争,所以天下没有谁能争得过他。不争:《老子》中频见,六十六章"以其不争,故天下莫能与之争"与此类似。还可参照三、八、六十八、七十三、八十一章。　②诚:的确。全而归之:能使人得以保全,返归自然。马王堆帛书本作"全归之"。

二十三章

希言自然①。故飘风不终朝,骤雨不终日。②孰为此者③?天地。天地尚不能久④,而况于人乎。

[**注释**]①希言:即稀言,少说话,不说话,少发政令。希言自然:少说话合于自然。此句和五章"多言数穷"形成对比。　②飘风:狂风。终朝:一个上午。骤雨:马王堆帛书本作"暴雨"。此句意为:狂风不会刮一个上午,暴雨不会下一整天。　③孰为此者:谁使其如此。　④此句意为:自然界的狂风暴雨尚且不会持久。

故从事于道者,道者同于道①,德者同于德②,失者同于失③。同于道者,道亦乐得之。④同于德者,德亦乐得之。⑤同于失者,失亦乐得之。⑥信不足,焉有不信焉。⑦

[**注释**]①此句意为:从事于"道"的人行为同于"道"。马王堆帛书本作"故从事而道者同于道",比今本简明易懂。　②此句表示:从事于"德"的人行为同于"德"。　③此句表示:失"道"失"德"的人行为就有缺失。　④此句表示:行为与"道"相同的人,"道"也愿意得到他。马王堆帛书本无此句。　⑤此句马王堆帛书本作"同于得者,道亦得之"。意为:行为同于"德"的人,"道"也会得到他。似比今本合理。　⑥此句马王堆帛书本作"同于失者,道

亦失之"。意为:失"道"失"德"的人,"道"也会失去他。似比今本合理。

⑦此句表示:诚信不足,于是有不被信任的事发生。马王堆帛书本无此句。今本十七章有完全相同的内容。

二十四章

企者不立①,跨者不行②。自见者不明,自是者不彰,自伐者无功,自矜者不长。③

[注释]①企者:踮起脚尖的人。不立:立不稳。 ②跨者:跨步前行者。不行:走不远。 ③这四句正好和二十二章"不自见,故明。不自是,故彰。不自伐,故有功。不自矜,故长"相反,可参考。

其在道也①,曰余食赘行②。物或恶之③,故有道者不处④。

[注释]①其:指"自见"、"自是"、"自伐"、"自矜"。在道:从"道"的角度看。 ②行:"形"的假借字。余食赘行:剩饭、赘瘤。 ③物或恶之:人们不喜欢。 ④此句意为:有道之人不做这样的事。马王堆帛书本作"故有欲者弗居"。

二十五章

有物混成,先天地生。①寂兮寥兮,独立不改②,周行而不殆,可以为天下母③。

[注释]①"有物混成",郭店楚简本作"有状混成"。此句意为:有样东西浑然而成,先于天地而存在。 ②寂:无声。寥:无形。独立:不依赖于他者而存在,无物可与之匹敌。不改:永远不会改变。 ③周行:循环运行。不殆:没有休止。可以为天下母:可以当做天下万物的总根源。郭店楚简本和马王堆帛书本无"周行而不殆"。

吾不知其名,字之曰道①,强为之名曰大②。大曰逝③,逝曰远④,远曰反⑤。

[注释]①字之曰道:以"道"作为其字。古人有名有字,"名"代表本质,"字"则比较随意。 ②此句意为:勉强为之取名曰"大"。 ③曰:可作"而"或"则"解。以下两个"曰"相同。大曰逝:广大无边而不断流逝。 ④逝曰远:不断流逝而伸向远方。 ⑤远曰反:伸向远方而返回起点。

故道大,天大,地大,王亦大①。域中有四大,而王居其一焉。②

［注释］①王亦大：傅奕本作"人亦大"。此句郭店楚简本的顺序不同，作"天大，地大，道大，王亦大"。　②此句突出强调王(人)可以把握"道"，其作用可以和"天地"相比。

人法地，地法天，天法道，道法自然①。

［注释］①"人法地，地法天，天法道"中的"法"作动词理解，意为"取法"。"道法自然"的"法"如果作"取法"解，表示道取法自然、天然。如作名词解，意为"法则"，意为"道"纯任自然，"道"的法则就是自然而然，并不是"自然"高于"道"。

二十六章

重为轻根①,静为躁君②,是以圣人终日行,不离辎重③。

[注释]①重:厚重、稳重。轻:轻率、轻浮。此句意为:厚重是(对应)轻率的基础。　②静:镇定。躁:急躁。此句意为:镇定是(对应)急躁的主宰。③辎重:载粮草器械之车,故重而慢。圣人终日行,不离辎重:表面上是说圣人整日在外行动,都不离开辎重车。实际上是借辎重车的迟缓、厚重比喻圣人处事慎重,不轻举妄动。此句马王堆帛书本作"是以君子终日行,不远其辎重"。

虽有荣观①,燕处超然②。奈何万乘之主,而以身轻天下。③轻则失本,躁则失君。④

[注释]①荣观:华美的宫观,马王堆帛书本作"环馆"。虽有荣观:虽有繁华的生活。　②燕处:闲居、闲处。超然:泰然,不以为然。此句意为:不看重、不沉溺于奢华的生活。　③万乘之主:大国君主。以身轻天下:轻易地、轻率地从事于天下。马王堆帛书本作"若何万乘之王,而以身轻于天下"。④此句回应开头两句,表示轻率就会失去根本,急躁则会失去主宰。

二十七章

善行无辙迹①,善言无瑕谪②,善数不用筹策③,善闭无关楗而不可开④,善结无绳约而不可解⑤。

[注释]①此句意为:善于行路者,车子不留下痕迹。 ②此句意为:善于言谈者,没有欠缺被人指谪。 ③数:计算。筹、策:两种计算工具。此句意为:善于计算者,不需要工具。 ④闭:闭户,上锁。关楗:门闩,"关"为横闩,"楗"为纵闩。此句意为:善于关闭者,不使用门闩却使人打不开。此句马王堆帛书本作"善闭者无关钥而不可启也"。 ⑤此句意为:善于捆缚者,不用绳子却解不开。

是以圣人常善救人,故无弃人①。常善救物,故无弃物②。是谓袭明③。

[注释]①弃人:被遗弃的人、无用之人。此句指圣人能人尽其才。 ②弃物:被遗弃的物、无用之物。此句指圣人能物尽其用。"故无弃物"马王堆帛书本作"物无弃财"。 ③袭:沿袭、因顺。"袭明"意为因顺能够知晓常道的明智。十六章有"复命曰常,知常曰明",五十五章有"知和曰常,知常曰明",五十二章有"是为习常","习"即"袭"的假借字。一说"袭明"意为隐藏的聪明。马王堆帛书本作"㥸明",意为两重的聪明。

故善人者,不善人之师。不善人者,善人之资。①不贵其师,不爱其资,虽智大迷②。是谓要妙③。

[**注释**]①不善人:恶人。马王堆帛书本作"善人"。资:借鉴。此句意为:善人是恶人的老师,恶人是善人的借鉴。　②虽智大迷:看上去是明智,其实是糊涂。　③要妙:深远微妙的道理。

二十八章

知其雄①,守其雌②,为天下豀③。为天下豀,常德不离,复归于婴儿。④

[注释]①雄:在此比喻刚强。 ②守:安于。雌:在此比喻柔和。③为天下豀:做天下的溪涧,也就是说成为天下所归往之处。此外,溪流有处下不争的特性,和"雌"的柔和、卑下正好对应。 ④常德:永恒之德行。复归于婴儿:回到类似婴儿的那种纯真境界,亦即"道"的境界。

知其白①,守其黑②,为天下式③。为天下式,常德不忒,复归于无极。④

[注释]①白:明亮。 ②黑:暗昧。 ③式:本指式盘,用来占卜并推断吉凶、指引方向的工具。此处指代法式、范式。为天下式:做天下的范式、表率。又见二十二章"是以圣人抱一为天下式"。 ④忒:缺失、差错、偏失。无极:无穷的原始,指"道"。

知其荣①,守其辱②,为天下谷③。为天下谷,常德乃足,复归于朴。④

[注释]①荣:尊荣、荣耀。 ②辱:卑下、卑辱。 ③谷:川谷。此句意涵和"为天下谿"相同。 ④足:充足、完备。朴:混沌朴素,指"道"。

朴散则为器①,圣人用之,则为官长②,故大制不割③。

[注释]①朴:未经加工成器的木材,此处指代朴素真纯的"道"。朴散:指"道"被破坏。器:具有个别形体的万物。朴散则为器:"道"被破坏后就形成了"器"。 ②之:指"朴"。官长:统治者。 ③大制:完善的政治。割:割裂、分裂。

二十九章

将欲取天下而为之,吾见其不得已。①天下神器,不可为也。②

[注释]①取:治理。为之:有所作为。不得:不可得。已:语助词。此句意为:有谁将要治理天下、有所作为,我认为他做不到。 ②神器:神圣之物。不可为也:无法通过人的作为把持、摆平。马王堆帛书本作"非可为者也"。有学者以为与下句"为者败之,执者失之"相对应,此句下面可能遗失了"不可执也"。

为者败之,执者失之。①故物或行或随②,或歔或吹③,或强或羸④,或挫或隳⑤。是以圣人去甚、去奢、去泰⑥。

[注释]①为者败之:勉强为之,一定失败。执者失之:勉强把持,一定失去。六十四章有相同内容。 ②物:在此指普通人。或:有的。行:前行。随:后随。 ③歔:呵气使热。吹:呵气使冷。此句马王堆帛书本仅有"或热"二字。 ④强:强健。羸:羸弱。 ⑤挫:失败、毁损,小的损失。河上公本作"载",意为安定。隳:毁废,指大的损失和危险。此句马王堆帛书本作"或□或培或堕"。培:助育之意。堕:损毁之意。 ⑥甚:极端。奢:奢侈。泰:过分。

三十章

以道佐人主者①,不以兵强天下②,其事好还③。师之所处,荆棘生焉。④大军之后,必有凶年。⑤

[注释]①人主:统治者。此句是说:以"道"辅佐人君(的情况下)。②不以兵强天下:不靠军事手段在天下逞强。此句郭店楚简本作"不欲以兵强于天下"。 ③此句意为:用兵之事一定会遭到报应。郭店楚简本有"其事好"三字,但在"是谓果而不强"的下面。 ④此句意为:军队经过的地方,人民生产、生活会遭到巨大破坏。 ⑤此句意为:战争过后,必有荒年。

善有果而已①,不敢以取强②。果而勿矜③,果而勿伐④,果而勿骄,果而不得已⑤,果而勿强⑥。物壮则老,是谓不道⑦,不道早已⑧。

[注释]①果:达到目标。已:结束、罢手。郭店楚简本和马王堆帛书本作"善者果而已"。此句意为:善用兵者只要达到目标就可以罢手了。 ②此句意为:不用兵力逞强。郭店楚简本作"不以取强",马王堆帛书本作"毋以取强焉"。可见"敢"字是衍文。 ③此句意为:成功而不自高自大。 ④此句意为:成功而不夸耀。 ⑤此句意为:成功而不骄纵,成功是出于不得已。 ⑥此句意为:实现目标而不逞强。郭店楚简本作"是谓果而不强",马王堆帛

书甲本作"是谓[果]而不强",乙本作"是谓果而强",马王堆帛书乙本可能有脱字。从郭店楚简本和马王堆帛书本可以看出,此句是对上述各句的总结。　⑦物壮则老:物极必反,太盛则衰。不道:这样做背离天道。　⑧此句意为:背离天道的话,很快就会消亡。最后三句又见五十五章。

三十一章

夫佳兵者,不祥之器。①物或恶之,故有道者不处。②

[注释]①此句马王堆帛书本作"夫兵者,不祥之器也"。"佳"可能是发语词"唯"字之误。 ②物或恶之:人们讨厌它。故有道者不处:所以有道的人不使用它,马王堆帛书本作"故有欲者弗居"。

君子居则贵左,用兵则贵右。①兵者,不祥之器,非君子之器。不得已而用之②。恬淡为上,胜而不美。③而美之者,是乐杀人。夫乐杀人者,则不可以得志于天下矣④。

[注释]①此句意为:君子平时以左方为尊,用兵时则以右方为尊。古人以左为阳,右为阴,左主生,右主杀。 ②此句郭店楚简本作"故曰:兵者□□□□□得已而用之"。马王堆帛书本作"故兵者非君子之器,兵者不祥之器也,不得已而用之"。可见"非君子之器"是在郭店楚简本向马王堆帛书本过渡期间加入的。 ③恬淡为上:最好淡然处之。胜而不美:即使胜利了,也不得意忘形。此句郭店楚简本作"铦绤为上,弗美也",马王堆帛书本作"铦袭为上,勿美也"。有学者以为,这表明此句原意是:兵器但取铦锐,不求华饰。 ④不可以得志于天下矣:不可能在天下获得成功。

吉事尚左,凶事尚右,偏将军居左,上将军居右①,言以丧礼处之②。杀人之众,以哀悲泣之③。战胜,以丧礼处之④。

[注释]①凶事:郭店楚简本和马王堆帛书本均作"丧事"。此句意为:吉庆之事以左方为上,灾祸之事以右方为上。偏将军站在左边,上将军站在右边。 ②言以丧礼处之:这是说依照丧礼来处理用兵之事。 ③泣:郭店楚简本作"位",马王堆帛书本作"立",均可读为"莅",郭店楚简本和马王堆帛书本义胜。以哀悲泣之:因为战争杀人众多,所以要以悲哀之心临战。 ④此句意为:即便战胜了,也要依照丧礼来对待。

三十二章

道常无名①。朴虽小,天下莫能臣也。②侯王若能守之,万物将自宾。③天地相合,以降甘露④。民莫之令而自均⑤。

[注释]①此句意为:"道"永远无法用名称去表示。有学者认为这里当断句为"道常无名朴",即"常"、"无名"和"朴"都是"道"的特征。　②朴:即"道"。小:郭店楚简本作"微"。天下莫能臣:天下没有人能支配它。郭店楚简本作"天地弗敢臣",马王堆帛书本作"天下弗敢臣"。　③侯王:统治者。若能守之:如果能遵循"道"。自宾:自动臣服。　④此句意为:天地相互配合,降下甘露。甘露是吉祥之物。⑤均:调匀、等同。此句意为:没有发布命令让百姓均匀,他们自发均匀。

始制有名①,名亦既有,夫亦将知止,知止可以不殆②。譬道之在天下,犹川谷之于江海。③

[注释]①此句意为:有了社会管理,就需要有名分制度。　②此句意为:有了名分制度,也还要知道其限度,知道了限度,就可以避免危险。知止可以不殆:郭店楚简本和马王堆帛书本均作"知止所以不殆"。　③此句意

为:打个比方,"道"和天下万物的关系,是天下万物归于"道",犹如小河小谷最终归于江海。犹川谷之于江海:郭店楚简本和马王堆帛书本均作"犹小谷之与江海"。

三十三章

知人者智,自知者明。①胜人者有力,自胜者强。②知足者富,强行者有志。③不失其所者久,死而不亡者寿。④

[**注释**]①此句意为:认识别人叫做"智",认识自己叫做"明"。　②此句意为:战胜别人叫做"有力",战胜自己(弱点、缺点)叫做"强"。　③此句意为:知足的人可谓"富",坚定力行的人可谓"有志"。　④此句意为:不失其根本的人称之为"久",虽死却不被遗忘的人称之为"寿"。马王堆帛书本"亡"字作"忘"。

三十四章

大道氾兮,其可左右。①万物恃之而生而不辞②,功成不名有③。

[注释]①大道氾兮:大道像泛滥的河水一样。可左右:可左可右,到处流走。 ②万物恃之而生:万物依赖"道"而获得生存。不辞:即"不治"或"不司",不干涉、不阻碍。又见二章。 ③功成:马王堆帛书本作"成功遂事"。不名有:不说有功。马王堆帛书本作"弗名有"。学者多以为此处当作"不有",表示不据为己有,"名"为衍文,"不有"又见二章、十章、五十一章,为《老子》专用语。可备一说。

衣养万物而不为主①,常无欲,可名于小②。万物归焉而不为主,可名为大③。以其终不自为大,故能成其大。④

[注释]①衣养:养育。此句马王堆帛书本作"万物归焉而弗为主"。②常无欲:指"道"常无欲望。可名于小:可称其为"小"。 ③可名为大:可称其为"大"。就"万物归焉而不为主"而言,"道"称得上伟大。此句后面马王堆帛书本有"是以圣人之能成大也"。 ④此句意为:就因为自己不觉得伟大,故而能成就伟大。

三十五章

执大象,天下往。①往而不害,安平太。②乐与饵,过客止。③道之出口④,淡乎其无味,视之不足见,听之不足闻,用之不足既⑤。

[注释]①大象:指"道",四十一章有"大象无形"。"执大象":郭店楚简本作"埶大象",有学者读"埶"为"执",也有学者认为"埶"当读为"设"。天下往:天下的人都会归附。 ②往而不害:虽然归附,但不相互妨害。安平太:安宁、平和、通泰。也有学者以为"安"应读作"乃",意为"于是"。郭店楚简本作"安平大",郭店楚简本中,其他各处"安"均作"于是"解。 ③乐与饵:音乐与食物。过客止:会让过客停留。这是将"道"和"乐与饵"作比较,"乐与饵"只具有短期的、有限的效应。 ④道之出口:"道"说出口。此句马王堆帛书本作"故道之出言也,曰:"。 ⑤此句意为:尝之而无味,看也看不见,听也听不到,用也用不完。用之不足既:郭店楚简本作"而不可既也"。

三十六章

将欲歙之,必固张之。① 将欲弱之,必固强之。将欲废之,必固兴之。② 将欲夺之,必固与之。③ 是谓微明,柔弱胜刚强。④

[注释]①歙:收敛、收缩。固:暂且。张:扩张。此句意为:想要让对方收敛,必须暂且让对方扩张。 ②此句意为:要想削弱对方,必先使其强大。要想使对方衰败,必先使其兴举。"将欲废之,必固兴之"马王堆帛书本作"将欲去之,必固与之"。 ③此句意为:要想削夺对方,必先施予对方。马王堆帛书本作"将欲夺之,必固予之"。 ④微明:微妙的道理、谋略。"柔弱胜刚强"指的就是这种"微明"。

鱼不可脱于渊,国之利器不可以示人。①

[注释]①此句表面上可以释为:鱼不能失水,国家利器不可以随便暴露于他人。《韩非子》对此有精辟解释,《喻老》篇有"势重者,人君之渊也。君人者,势重于人臣之间,失则不可复得也"。《内储说下六微》有"势重者,人君之渊也。臣者,势重之鱼也。鱼失于渊而不可复得也,人主失其势重于臣而不可复收也。古之人难正言,故托之于鱼。赏罚者,利器也,君操之以

制臣,臣得之以拥主"。可知"鱼"在此象征权势,"渊"指君主,"脱"为逃脱之意。全句意为:不可让权势从君主手中逃脱,不可将国之利器(赏罚)暴露于他人。

三十七章

道常无为而无不为,侯王若能守之,万物将自化。①化而欲作,吾将镇之以无名之朴。②无名之朴,夫亦将无欲③。不欲以静,天下将自定。④

[注释]①道常无为而无不为:"无为"指顺其自然,"无不为"指什么事都能做到。郭店楚简本作"道恒无为",马王堆帛书本作"道恒无名"。守之:指守"道"。自化:自我化育。 ②化而欲作:自我化育到欲望出现时。无名之朴:指"道"。吾将镇之以无名之朴:我将用"道"来镇服之。 ③"夫亦将无欲"是"吾将镇之以无名之朴"的结果,指恢复到没有欲望的状态。郭店楚简本作"夫亦将知足",没有重复"无名之朴"四字。马王堆帛书本作"镇之以无名之朴,夫将不辱"。 ④此句意为:消除欲望,归于宁静,天下就会自然安定。郭店楚简本作"知[足]以静,万物将自定",马王堆帛书本作"不辱以静,天下将自正"。

三十八章

上德不德,是以有德。①下德不失德,是以无德。②上德无为,而无以为。③下德为之,而有以为。④上仁为之,而无以为。⑤上义为之,而有以为。⑥上礼为之,而莫之应,则攘臂而扔之。⑦

[注释]①上德:具有高尚之"德"的人。不德:没有形式上的"德",其"德"是看不见的。是以有德:因此具有真正意义上的"德"。 ②此句意为:"下德"即不具有高尚之"德"的人,遵守表面上的、形式上的"德",因此并无真正的"德"。 ③以:有心、故意,以下同。此句意为:"上德"之人"无为",做事无所企图。 ④此句意为:"下德"之人"有为",做事有所企图。马王堆帛书本无此句。 ⑤上仁:所谓的最仁爱的人。此句意为:"上仁"之人有所作为,但出于无意。 ⑥上义:所谓的最正义的人。此句意为:"上义"之人有所作为,但别有目的。 ⑦上礼:所谓的最讲礼法的人。攘臂:捋起衣袖,伸出胳膊。扔:牵引,拉。攘臂而扔之:伸出胳膊使人强从。此句意为:"上礼"之人有所作为,但得不到响应,就采取强制手段让人服从。

故失道而后德,失德而后仁,失仁而后义,失义而后礼。①夫礼者,忠信之薄,而乱之首。②前识者,道之华,而愚之始。③是以大丈夫处其厚,不居其薄。④处其实,不居其华。⑤故去彼取此⑥。

[**注释**]①此句意为:"道"丧失之后才出现"德","德"丧失之后才出现"仁","仁"丧失之后才出现"义","义"丧失之后才出现"礼"。　②此句意为:"礼"这种东西是"忠信"薄弱到极点的产物,是大乱的祸首。　③前识:先知、先见之明。华:与"实"相对,浮华。道之华:指"前识"看上去深刻,其实不过是华而不实的"道"之皮毛。愚之始:走向愚昧的开端。　④厚:指最上端的"道"。薄:指最下端的"礼义"。　⑤实:指"道"。华:指"前识"之类的智。　⑥彼:指"薄"、"华"。此:指"厚"、"实"。

三十九章

昔之得一者①,天得一以清,地得一以宁,神得一以灵,谷得一以盈,万物得一以生,侯王得一以为天下贞②。

[注释]①一:唯一,指"道"。此句意为:自古以来得"一"者是……以此引出以下数句。 ②贞:通"正",首领、君长之意。四十五章有"清静为天下正"。马王堆帛书本作"正"。此数句意为:天得到"一"因而清明,地得到"一"因而安宁,神得到"一"因而有灵,河流得到"一"因而丰盈,万物得到"一"因而生育,侯王得到"一"因而成为天下首领。

其致之①,天无以清将恐裂②,地无以宁将恐发③,神无以灵将恐歇④,谷无以盈将恐竭⑤,万物无以生将恐灭⑥,侯王无以贵高将恐蹶⑦。

[注释]①其致之:如果推而言之。马王堆帛书本作"其至也,谓……"。②裂:崩裂。此句意为:天不能保持清明将会崩裂。 ③发:地震。有学者以为当读作"废"。 ④歇:停息、消失。 ⑤竭:枯竭。 ⑥灭:消亡、灭绝。 ⑦无以贵高:指无法保持首领的地位。蹶:跌倒,失败。

故贵以贱为本,高以下为基。①是以侯王自谓孤、寡、不榖。此非以贱为本邪？非乎？②

[注释]①马王堆帛书本作"故必贵以贱为本，必高矣而以下为基"。②"孤"、"寡"、"不榖"都是古代君主谦称。"孤"、"寡"是说自己孤德、寡德。"不榖"有不善之意。此句意为：所以君王自称"孤"、"寡"、"不榖"，这不就是以贱为本吗？不是吗？

故致数舆无舆①。不欲琭琭如玉，珞珞如石。②

[注释]①舆：通"誉"。此句难以解读。《庄子·至乐》有"至誉无誉"，最高的荣誉无须称誉，此句可能就是这个意思。一说是"所以，招致过多的赞誉，其实就是没有赞誉"。 ②琭琭：玉美貌，形容美玉的词。珞珞：石恶貌，形容恶石的词。马王堆帛书本"不欲"前有"是故"二字。此句表示：最高贵的统治者不欲琭琭如玉，（宁愿）珞珞如石。

四十章

反者道之动,弱者道之用。①天下万物生于有,有生于无。②

[注释]①反:走向对立面,并循环往复。道之动:"道"的运动方式。弱:柔弱。道之用:"道"的作用。 ②有:有形,看得见的东西。无:无形,看不见的东西,指"道"。按此句文意,万物最终生于"无",作为哲学概念,"无"高于"有"。此句马王堆帛书本与之基本相同。然而,郭店楚简本作"天下之物生于有,生于亡(无)"。有的学者认为"生于亡"当补为"[有]生于亡",那么,文意就和马王堆帛书本及后世文本相同。有的学者认为不当补"有"字,那么,文意就变成:天下之物既生于"有",又生于"无"。

四十一章

上士闻道,勤而行之。①中士闻道,若存若亡。②下士闻道,大笑之。③不笑不足以为道④。

[注释]①上士:道德高尚的人。勤而行之:努力遵循,勤勉践行。郭店楚简本作"堇能行于其中"。 ②中士:道德平庸的人。若存若亡:若有若无,半信半疑。郭店楚简本作"若闻若亡"。 ③下士:道德浅陋的人。大笑之:拼命嘲笑。 ④此句意为:不被嘲笑就不足以为"道"。郭店楚简本作"弗大笑,不足以为道矣"。

故建言有之①:明道若昧②,进道若退③,夷道若纇④。上德若谷⑤,大白若辱⑥,广德若不足⑦,建德若偷⑧,质真若渝⑨。

[注释]①建言:古语、谚语或格言。 ②明道:光明的"道"。若昧:好像很暗昧。郭店楚简本作"如悖",马王堆帛书本作"如费",均有晦暗不明意。 ③进道若退:前进的"道"好似在后退。 ④夷道:平坦的"道"。若纇:好像很崎岖。 ⑤上德若谷:高尚的"德"仿佛低下的川谷。 ⑥大白:最洁白、最清白。若辱:像是有污垢。有学者认为此句应当放在下文"大方无隅"前,但郭店楚简本和马王堆帛书本都在"上德若谷"后。 ⑦广德:广大

的"德"。若不足:像是有不足。　⑧建德:建通"健",刚健的"德"。若偷:好像怠惰软弱。　⑨质真:质朴真纯。若渝:好像没有节操,一说好像空虚无物。

大方无隅①,大器晚成②,大音希声③,大象无形④。道隐无名,夫唯道善贷且成。⑤

[注释]①这是说:最方正者看上去没有棱角。　②这是说:最好的器物反而最后完成。此句郭店楚简本作"大器曼成",马王堆帛书本作"大器免成"。有学者以为,《老子》书中"大"字起首的四字句,均前后意义相反,"曼成"和"免成"有"无成"之意,故比"大器晚成"更合理。　③这是说:最出色的声音听上去没有什么声音。　④这是说:最杰出的形象看上去反而没有什么形状。郭店楚简本和马王堆帛书本均作"天象亡形"。　⑤道隐无名:"道"幽隐而无名。马王堆帛书本作"隐襃无名","襃"有大、盛之意。夫唯道善贷且成:马王堆帛书本作"夫唯道,善始且善成",当从马王堆帛书本作改,意为只有"道"能善始善终。

四十二章

道生一①,一生二②,二生三③,三生万物④。万物负阴而抱阳⑤,冲气以为和⑥。

[**注释**]①一:表示阴阳未分的混沌体。 ②二:表示阴阳。 ③三:有多种说法,或谓阴阳二气所生的第三者,或谓阴气、阳气和阴阳相合形成的"和气"。 ④从"道生一"到"三生万物",也有学者认为不必拘泥"一"、"二"、"三"的确切指代对象,此数句只是反映由单一到繁多、由简朴到复杂、由浑沦到具体的过程。 ⑤这是说:万物内含"阴阳"两种相反相成的因素。 ⑥这是说:阴阳两气相互交冲、激荡而成协调的状态。

人之所恶,唯孤、寡、不穀,而王公以为称。①故物或损之而益,或益之而损。②人之所教,我亦教之③。强梁者不得其死④,吾将以为教父⑤。

[**注释**]①这是说:"孤"、"寡"、"不穀"是人所厌恶的名称,王公却用来自称。三十九章有"故贵以贱为本,高以下为基。是以侯王自谓孤、寡、不穀。此非以贱为本邪? 非乎?"可参照。这表示高明的统治者要故意取卑下的姿态。而王公以为称:马王堆帛书本作"而王公以自名也"。 ②这是说:事物

有时被贬低反得到抬高,有时被抬高反遭到贬低。　③我亦教之:我也教给别人。马王堆帛书本作"亦议而教人"。　④这是说:强横逞凶者不得好死。　⑤教父:教导之始、教条。

四十三章

天下之至柔①,驰骋天下之至坚②。无有入无间③,吾是以知无为之有益④。

[注释]①至柔:最为柔和的东西,类似水的东西。七十八章有"天下莫柔弱于水,而攻坚强者莫之能胜"。　②驰骋:奔跑。此句是说:能驾驭世上最坚硬的东西。　③无有:没有一定的形态,看不见的力量。无间:没有空隙的东西。　④这是说:我因此认识到无为的好处。

不言之教①,无为之益②,天下希及之③。

[注释]①不言之教:无言的教导,不以行政命令干涉下层或百姓。②无为之益:无为的好处。　③天下很少有人能做到。马王堆帛书本作"[天]下希能及之矣"。

四十四章

名与身孰亲①？身与货孰多②？得与亡孰病③？是故甚爱必大费,多藏必厚亡。④知足不辱,知止不殆,可以长久。⑤

[注释]①这是说:名声和生命,哪一样更亲切？ ②这是说:生命和财货,哪一样更重要？ ③病:为害。得到和丢失,哪一样更为害？ ④甚爱:过于爱惜,过分吝惜。大费:付出大的代价。多藏:过于收敛。厚亡:惨重的损失。郭店楚简本、马王堆帛书本、河上公本没有"是故"二字。无此二字义胜。 ⑤知足不辱:知道满足就不会遭到屈辱。知止不殆:知道休止就不会遇到危险。此三句前郭店楚简本、马王堆帛书本有"故"字。

四十五章

　　大成若缺,其用不弊。①大盈若冲,其用不穷。②大直若屈③,大巧若拙④,大辩若讷⑤。

　　[注释]①大成若缺:最完善的东西仿佛有缺损。弊,"敝"的通假字。其用不敝:其作用不衰。　②冲:郭店楚简本和马王堆帛书本作"盅","盅"即虚。大盈若冲:最充盈的东西仿佛是空虚的。其用不穷:其作用无穷。③大直若屈:最笔直的东西仿佛是弯曲的。　④大巧若拙:最精巧的东西仿佛很笨拙。　⑤大辩若讷:最会辩论的人仿佛没有口才。郭店楚简本无此句,前后作"大巧若拙,大成若诎,大直若屈"。马王堆帛书本无此句,前后作"大直如屈,大巧如拙,大赢若诎"。

　　此数句可与四十一章"明道若昧"以下数句对着看。

　　躁胜寒①,静胜热②,清静为天下正③。

　　[注释]①躁:郭店楚简本作"燥",即"热"。此句意为:热能战胜寒。②静胜热:安静能战胜热。　③这是说:无为清静者可以成为天下的统治者。此句马王堆帛书本作"清静,可以为天下正"。

四十六章

天下有道,却走马以粪。①天下无道,戎马生于郊。②

[注释]①却:驱使。粪:即粪田,整治田地。此句意为:有道之世,没有战争,将马匹用来整治田地。 ②此句意为:无道之世,战马产驹于郊野。言外之意是连怀驹的母马也拉来当战马了。

祸莫大于不知足①,咎莫大于欲得②。故知足之足,常足矣。③

[注释]①此句意为:没有比不知足更大的灾祸。 ②此句意为:没有比贪得无厌更大的罪过。 ③此句意为:知道满足的这种满足,是永恒的满足。郭店楚简本作"知足之为足,此恒足矣"。

前面两句,郭店楚简本、马王堆帛书本、河上公本均为三句。郭店楚简本为"罪莫厚乎甚欲,咎莫憯乎欲得,祸莫大乎不知足",马王堆帛书本、河上公本与之类似,只是前后次序和个别字有所不同。

四十七章

不出户,知天下。①不阚牖,见天道。②其出弥远,其知弥少。③是以圣人不行而知,不见而名,不为而成。④

[注释]①此句意为:不出大门,就知天下之事。 ②阚:"窥"的假借字。牖:窗子。此句意为:不看窗外,就知自然之道。 ③此句字面意思是:出去得越远,对"道"知道得越少。有学者以为,这是说一般的经验知识无法和内省直观相比。 ④不行而知:用不着走出去就能知道。不见而名:用不着看见实物就能命名。不为而成:不用做什么就成功了。

四十八章

为学日益,为道日损。①损之又损,以至于无为,无为而无不为。②取天下常以无事,及其有事,不足以取天下。③

[注释]①为学日益:学习知识的人要求天天有长进,知识以多为优。为道日损:从事"道"的人要日渐摆脱经验知识的束缚,知识以少为佳。一说对"道"的体悟来自于情欲的日渐减少。郭店楚简本作"学者日益,为道者日损",马王堆帛书本作"为学者日益,闻道者日损"。　②损之又损:减少再减少。以至于无为:一直到"无为"之境。无为而无不为:进入"无为"之境就没有什么做不到的了。又见三十七章。　③取:治理、掌握。无事:亦即"无为",清静不扰民。及其有事,不足以取天下:多事扰民者,不配治理天下。

四十九章

圣人无常心①,以百姓心为心。善者,吾善之,不善者,吾亦善之,德善。②信者,吾信之,不信者,吾亦信之,德信③。

[注释]①圣人无常心:圣人没有他自己恒定的意志、主观成见。②德:通"得"。马王堆帛书本作"得"。此句意为:善良的人,我善待之。不善的人,我也善待之,这就得到了善。 ③德信:这就得到了信任。

圣人在天下,歙歙①,为天下浑其心②,圣人皆孩之③。

[注释]①歙歙:无所偏执的样子。王弼注曰:"心无所主",将天下的人和事和谐之、协调之。马王堆帛书本作"歙歙焉"。 ②此句意为:让天下人的心归于浑沦。傅奕本作"为天下浑浑焉"。此句下面,马王堆帛书本、河上公本、傅奕本均有"百姓皆注其耳目",意为百姓都专注于自己的耳目,独王弼本无。 ③圣人皆孩之:圣人将百姓当无知无欲的婴儿看待。

五十章

出生入死①。生之徒十有三,死之徒十有三。②人之生,动之死地亦十有三。③夫何故?以其生生之厚④。

[注释]①出生入死:人出生为"生",入地为"死"。一说,人离开生存就走向死亡。 ②徒:类、属。此句意为:长寿的约占三成,短命的约占三成。③生:指求生。动:妄动,过分追求"生"。此句意为:人为求生过分妄动而陷于死地者也占三成。此句马王堆帛书本作"而民生生,动皆之死地之十有三"。 ④此句意为:为什么呢?因为人们把"生"看得太重,过于追求生活,厚自奉养。此句马王堆帛书本作"以其生生也"。

盖闻善摄生者①,陆行不遇兕虎②,入军不被甲兵③,兕无所投其角④,虎无所措其爪⑤,兵无所容其刃⑥。夫何故?以其无死地⑦。

[注释]①善摄生者:懂得养生的人。摄生:马王堆帛书本作"执生"。②陆行:马王堆帛书本作"陵行",作"陵行"义胜。不遇:马王堆帛书本作"不避"。"不遇"是被动的,"不避"是主动的。故此句可释为:在山丘行走不会遇到兕牛、老虎之类的猛兽,或在山丘行走也不怕兕牛、老虎之类的猛兽。③被:读为"披"。也可以作被动或主动两种解释,即打仗时不会被兵器所杀

伤,或打仗时不用身披甲胄保护自己。 ④此句意为:兕牛用不上刺人的角。
投其角:马王堆帛书本作"揣其角"。 ⑤此句意为:老虎用不上伤人的爪。
⑥此句意为:武器用不上其锋刃。 ⑦此句意为:为什么呢?因为他没有进
入死地。

五十一章

道生之①,德畜之②,物形之③,势成之④。是以万物莫不尊道而贵德。道之尊,德之贵,夫莫之命而常自然。⑤

[注释]①道生之:"道"给万物以生命。 ②德畜之:"德"畜养万物。③物形之:万物因"道"而有形。 ④势成之:外部环境使万物形成。势:也有学者认为指内部势能。马王堆帛书本作"器成之",即万物因"道"而成器。⑤此句意为:"道"之所以受尊崇,"德"之所以被珍贵,就是因为"道"、"德"不干涉万物而顺其自然。莫之命:马王堆帛书本、傅奕本作"莫之爵"。

故道生之,德畜之①,长之②,育之③,亭之④,毒之⑤,养之⑥,覆之⑦。生而不有,为而不恃,长而不宰,是谓玄德。⑧

[注释]①"故道生之,德畜之",马王堆帛书本作"道生之,畜之"。②长之:使万物生长。 ③育之:使万物发展。马王堆帛书本作"遂之"。④亭之:读为"成之"。意为使万物成形。一说意为"安之"。 ⑤毒之:读为"熟之"。意为使万物成熟。一说意为"定之"。 ⑥养之:爱养、照顾万物。⑦覆之:保护、维护万物。 ⑧此句大意可参照二章、十章的注释。

五十二章

天下有始,以为天下母。①既得其母,以知其子。②既知其子,复守其母,没身不殆。③塞其兑④,闭其门⑤,终身不勤⑥。开其兑,济其事⑦,终身不救⑧。

[注释]①此句表示:天下万物有它的开始,这种开始就是天下之本。"始"、"母"指的就是"道"。 ②此句表示:既然掌握了根源,就能认识万物的发展。 ③此句表示:既能认识万物的发展,又能持守根源,终身不会遇到危险。 ④兑:口、孔窍。塞其兑:堵住(嗜欲)的入口。 ⑤闭其门:封住(嗜欲)的大门。"塞其兑,闭其门"又见五十六章。 ⑥终身不勤:终身不会忧劳。 ⑦济其事:增加纷扰的事务。郭店楚简本作"赛其事"。"赛",有充实、充满之意。 ⑧终身不救:终身不可救药。

见小曰明①,守柔曰强②。用其光,复归其明。③无遗身殃④,是为习常⑤。

[注释]①见小曰明:能看到细微叫做"明"。 ②守柔曰强:能持守"柔弱"叫做"强"。 ③光:"明"之外照。此句意为:用向外照耀之"光",回照于、归藏于内体之"明"。 ④无遗身殃:不会给自己留下祸害。 ⑤是为习常:这就是承袭、因任常"道"。习:当为"袭"的假借字。马王堆帛书本、傅奕本作"袭"。

五十三章

使我介然有知,行于大道,唯施是畏。①大道甚夷,而民好径。②

[注释]①介然:坚定的、无可怀疑的样子。施:"迤"的假借字,"邪行"的意思。此句意为:假使我有坚定的认识,走在大道上,(不怕别的,)就怕走上邪路。 ②夷:平坦。径:捷径、小路,此处指邪径。此句意为:大道很平坦,而人们喜欢走捷径、邪径。

朝甚除①,田甚芜②,仓甚虚③。服文彩④,带利剑,厌饮食⑤,财货有余⑥。是谓盗夸⑦,非道也哉⑧。

[注释]①除:废、坏。朝甚除:朝廷很败坏。一说"除"意为整洁。②田甚芜:田地很荒芜。 ③仓甚虚:仓库很空虚。 ④服文彩:穿着华丽的服饰。 ⑤厌:饱、足。厌饮食:饱餐精美的食物。 ⑥财货有余:占有太多的财富。 ⑦夸:马王堆帛书本作"杅",《韩非子·解老》引这段话时也作"竽"。"竽"在合奏音乐中是领头的乐器。盗竽:强盗头子。是谓盗夸:这就叫强盗头子。 ⑧非道也哉:这是多么无道。

五十四章

善建者不拔①,善抱者不脱②,子孙以祭祀不辍③。修之于身,其德乃真。④修之于家,其德乃余。⑤修之于乡,其德乃长。⑥修之于国,其德乃丰。⑦修之于天下,其德乃普。⑧

[注释]①善建者:善于建树者。不拔:不会动摇。 ②善抱者:善于保持者。不脱:不会失去。 ③不辍:不会断绝。郭店楚简本作"不屯",即"不顿",意为"不止"、"不舍"。马王堆帛书本作"不绝"。此句意为:子孙(如果遵循上述原则)就可以保有其家族的祭祀而不中断。 ④此句意为:(将此道理)贯穿于一身,其德会是纯真的。 ⑤此句意为:(将此道理)贯穿于一家,其德会有宽余。 ⑥此句意为:(将此道理)贯穿于一乡,其德就会久长。 ⑦此句意为:(将此道理)贯穿于一国,其德就会丰大。 ⑧此句意为:(将此道理)贯穿于天下,其德就会普及。

故以身观身,以家观家,以乡观乡,以国观国,以天下观天下。①吾何以知天下然哉?以此②。

[注释]①此数句意为:所以从(我个人)之身,认识(他人)之身。从

(我)家,认识(他人)之家。从(我的)乡,认识(他人)之乡。从(我的)国家,认识(其他的)国家。从(我的)天下,认识(其他的)天下。　②此句意为:我靠什么知道天下的情况呢?靠的就是这个办法。

五十五章

含德之厚①,比于赤子②。蜂虿虺蛇不螫③,猛兽不据,攫鸟不搏④。骨弱筋柔而握固⑤,未知牝牡之合而全作⑥,精之至也⑦。终日号而不嗄⑧,和之至也。

[注释]①含德之厚:含"德"深厚之人。郭店楚简本、马王堆帛书本、傅奕本均作"含德之厚者"。　②赤子:婴儿。比于赤子:可与婴儿相比。③蜂、虿、虺、蛇:均为各种毒虫。此句河上公本作"毒虫不螫"。　④据:音戟,用足爪攫物。猛兽不据:猛兽不用爪子去扑他。搏:用翼爪击物。攫鸟不搏:猛禽不用爪子去抓他。郭店楚简本作"攫鸟猛兽弗扣",马王堆帛书本作"据鸟猛兽弗搏"。　⑤此句意为:虽然筋骨柔弱,但(拳头)却握得紧紧的。握固:郭店楚简本作"捉固"。　⑥牝牡之合:雌雄交配。全作:生殖器勃起。郭店楚简本、马王堆帛书本作"朘怒"。此句意为:尚不懂男女交合之事生殖器却能勃起。　⑦精之至:这是因为有着充沛的精气。　⑧号:号哭。嗄:哑。终日号而不嗄:整天号啼喉咙却不会嘶哑。和之至:这是因为有着纯和的元气。

知和曰常①,知常曰明②,益生曰祥③,心使气曰强④。物壮则老⑤,谓之不道,不道早已⑥。

[**注释**]①知和曰常:认识"和"称作"常",即认识了"和"就知道了生命的规律。弥贫:郭店楚简本、马王堆帛书本作"和曰常"。 ②知常曰明:认识"常"叫做"明",即认识了生命的规律就能明智。郭店楚简本作"知和曰明"。 ③益生:纵欲贪生。祥:妖祥、灾殃。此句意为:纵欲贪生就会遭殃。 ④此句意为:心任意地支配气叫做逞强。 ⑤壮:强壮、鼎盛。物壮则老:事物达到鼎盛就会走下坡路。 ⑥谓之不道:这叫不合乎"道"。不道早已:不合乎"道"者很快会消亡。最后三句又见三十章。

五十六章

知者不言,言者不知。①塞其兑,闭其门②,挫其锐,解其分③,和其光,同其尘④,是谓玄同⑤。

[注释]①此句意为:有真知者不随便说,随便说的人没有真知。②此二句参见五十二章注释。 ③分:即"纷"。 ④"挫其锐,解其分,和其光,同其尘"四句参见四章注释。 ⑤玄同:微妙齐同,指"道"。

故不可得而亲,不可得而疏,不可得而利,不可得而害,不可得而贵,不可得而贱,①故为天下贵②。

[注释]①此数句指"玄同"的境界超出了亲疏、利害、贵贱之区分。②此句意为:所以为天下人尊贵和重视。

五十七章

以正治国,以奇用兵,以无事取天下①。吾何以知其然哉?以此②:天下多忌讳,而民弥贫;③民多利器,国家滋昏;④人多伎巧,奇物滋起;⑤法令滋彰,盗贼多有⑥。

[注释]①以正治国:以正道治国。以奇用兵:以诡道用兵。以无事取天下:以无为之道掌握天下。 ②此句意为:我怎么知道是这样的?因为以下的原因。 ③忌讳:禁令。弥:更加。此句意为:禁忌愈多,百姓愈贫困。弥贫:郭店楚简本作"弥叛"。 ④利器:武器。滋:更加。此句意为:民间武器越多,国家越混乱。 ⑤伎巧:技巧、技术。郭店楚简本、马王堆帛书本均作"人多智",傅奕本作"民多知慧"。此句意为:技巧越高,技术越多,(使人心走向贪婪的)奇巧之物就越多。 ⑥法令:郭店楚简本、马王堆帛书本、河上公本作"法物","法物"意为典章制度,含义和法律制度不太相同。彰:分明、周密。此句意为:法令越发达,触犯法律的人反而越多。

故圣人云:我无为而民自化①,我好静而民自正②,我无事而民自富③,我无欲而民自朴④。

[注释]①此句意为:统治者无为则百姓自我化育。 ②此句意为:统

治者好静则百姓自我端正。　③此句意为:统治者不造事则百姓自我富足。④此句意为:统治者没有贪欲则百姓自然淳朴。无欲:郭店楚简本和马王堆帛书本作"欲不欲"。

五十八章

其政闷闷,其民淳淳。①其政察察,其民缺缺。②

[注释]①闷闷:懵懵懂懂,在此有宽厚之意。马王堆帛书本作"阌阌"。淳淳:淳朴忠厚。此句表示:政治宽厚,百姓就淳朴。 ②察察:精明、苛刻。缺缺:狡诈、狡猾。此句意为:政治苛刻,百姓就狡诈。

祸兮福之所倚①,福兮祸之所伏②。孰知其极?其无正?③正复为奇,善复为妖。④人之迷,其日固久。⑤

[注释]①倚:倚靠。此句表示:灾祸啊,幸福就倚靠在旁边。②伏:埋藏。此句表示:幸福啊,灾祸就埋藏在里面。 ③极:究竟。正:定则,定规。此句表示:谁知道其中的究竟?它难道没有定则?一说"其无正"未必是反问句,意为"它没有一定的规则"。 ④此句意为:正又可以变成不正,善良又可以变成妖孽。 ⑤此句意为:人的迷惑,已经有很长的时间了。

是以圣人方而不割①,廉而不刿②。直而不肆③,光而不耀④。

[注释]①方而不割:方正有角但不会割伤人。 ②廉:利。刿:刺伤。

廉而不刿:锋利但不会刺伤人。马王堆帛书本作"廉而不刺"。　③直而不肆:直率但不放肆。马王堆帛书本作"直而不绁"。　④光而不燿:明亮但不耀眼。

五十九章

治人事天莫若啬①,夫唯啬,是谓早服②,早服谓之重积德③。

[注释]①治人:治理国家。事天:调养身心。一说"事天"意为侍奉天地自然。啬:珍惜,吝惜。莫若啬:没有比爱惜精神,使之不被耗散更好的了。②服:通"备",早作准备。此句意为:正因为有吝俭之心,所以能早作准备。③重:多多地、不断地。重积德:不断地积蓄"德"。

重积德则无不克①,无不克则莫知其极②,莫知其极可以有国③。有国之母,可以长久。④是谓深根固柢,长生久视之道。⑤

[注释]①无不克:无往而不胜。 ②莫知其极:不知其极限,无法估算其力量。 ③可以有国:可以管理国家。 ④母:根本、本原。此句表示:有了治国之本,统治就能长久维持。 ⑤柢:树根,此处指根基。深根固柢:打下坚实的基础。久视:意同长生。此句意为:这就是坚固根本、延长生命之原则。

六十章

治大国若烹小鲜。①以道莅天下,其鬼不神。②非其鬼不神,其神不伤人。③非其神不伤人,圣人亦不伤人。④夫两不相伤,故德交归焉。⑤

[注释]①此句意为:治理大国就像煎小鱼(不能多翻动)。 ②神:在此意为"灵怪"。此句意为:依据"道"莅临天下,就是鬼魅也不会作怪。③非:"不唯"二字合音。此句意为:不但鬼魅不作怪,就是神祇也不伤人。④此句意为:不但神祇不伤人,就是圣人也不伤人。 ⑤此句意为:神鬼和圣人都不伤人,"神"和"圣"交德,好处归于百姓。

六十一章

大国者下流①,天下之交②,天下之牝③。牝常以静胜牡④,以静为下⑤。

[注释]①大国者下流:大国(要像江河那样居于)下流。 ②天下之交:居于天下交集、归附之处。 ③天下之牝:在天下中扮演女性的角色。 ④此句意为:雌性常以其静制服雄性。 ⑤此句王弼本难以解释。马王堆帛书本作"为其静也,故宜为下也",傅奕本作"以其靖,故为下也"。可见此句意为:因为是安静的,所以是谦下的。

故大国以下小国,则取小国。①小国以下大国,则取大国②。故或下以取,或下而取。③

[注释]①此句意为:故大国对小国表示谦下的姿态,就可取得小国归附。 ②"则取大国",当从马王堆帛书本作"则取于大国"。此句意为:小国对大国表示谦下的姿态,就可取得大国的信任和见容。 ③此句意为:所以有时是大国谦下使小国归附,有时是小国谦下使大国宽容。

大国不过欲兼畜人①,小国不过欲入事人②,夫两者各得其所欲,大者宜为下③。

[**注释**]①兼畜:总合、畜养,这里意为领导。马王堆帛书本作"并畜"。此句意为:大国不过是想领导小国。　②入事:事奉、依附。此句意为:小国不过是想依附大国。　③大者宜为下:大国应该注意谦下。此句意为:要使这两方面的要求都能得到满足,大国尤应注意谦下。

六十二章

道者,万物之奥①,善人之宝,不善人之所保②。

[注释]①奥:主。马王堆帛书本作"注",通"主"。 ②此句意为:"道"是善人之珍宝,不善之人也保住它。

美言可以市,尊行可以加人。①人之不善,何弃之有。②

[注释]①市:买卖。尊行:高尚的行为和美德。加:凌驾。此句意为:动听的话可以做成买卖,有高尚行为的人可以凌驾他人。此句《淮南子》的《道应》、《人间》两篇引作"美言可以市尊,美行可以加人",则可以另外解释为:美好的语言可以换取尊敬,美好的行为可以见重于人。似乎《淮南子》的说法更合理。 ②此句意为:人虽有不善,但怎么能放弃他们?

故立天子①,置三公②,虽有拱璧以先驷马,不如坐进此道③。古之所以贵此道者何?不曰以求得,有罪以免邪?④故为天下贵⑤。

[注释]①立天子:指天子即位于天下。 ②置三公:设置太师、太傅、

太保。　③璧:一种珍贵的玉器。拱璧以先驷马:拱抱玉璧在前,驷马牵拉的华美车辆随后。这句是说:对统治者而言,与其送给他们宝货马车,不如坐着把"道"献给他们。不如坐进此道:马王堆帛书本作"不若坐而进此"。
④不曰以求得:马王堆帛书本作"不谓求以得"。此句意为:为何自古以来以"道"最为尊贵?不就是因为"贵此道"就能求而有得,就能有罪得免吗?
⑤故为天下贵:所以"道"为天下人所重视。

六十三章

为无为,事无事,味无味①。大小多少,报怨以德。②

[注释]①为无为:将"无为"当做真正的"为"。事无事:将"无事"当做真正的"事"。此二句均表示以无为的态度做事。味无味:将"无味"当做真正的"味"。　②此句意为:无论事情的性质、影响是大是小是多是少,一律报怨以德。

图难于其易①,为大于其细②。天下难事,必作于易。天下大事,必作于细。是以圣人终不为大,故能成其大③。

[注释]①图:规划、处理。图难于其易:难做的事情,要从容易的地方做起。　②为大于其细:大事要从小事做起。　③圣人终不为大:圣人始终不做大事,就是说圣人始终从小事、琐事、易事入手。故能成其大:所以能成就大事。

夫轻诺必寡信①,多易必多难②。是以圣人犹难之,故终无难矣③。

[**注释**]①轻诺必寡信:轻易承诺的人必然少信用。 ②多易必多难:把事情看得太容易的人必然遇到很多困难。郭店楚简本作"大小之多易必多难"。 ③犹:尚且。圣人犹难之:圣人尚且觉得困难。故终无难:所以最终没有困难。

六十四章

其安易持①,其未兆易谋②。其脆易泮③,其微易散④。

[注释]①其安易持:事物还安定的时候,容易掌握、把持。 ②兆:征兆的生发、显现。其未兆易谋:问题还没有出现苗头的时候,容易设法对应。③泮:通"判",意为"分"。其脆易泮:事物还脆弱的时候,容易化解。 ④其微易散:事物还细微的时候,容易消散。郭店楚简本作"其几也,易後也"。"後"可能通"践","易後"可能是易于履行之意。

为之于未有,治之于未乱。①合抱之木,生于毫末。②九层之台,起于累土。③千里之行④,始于足下。

[注释]①未有:还没有成形。未乱:还没有混乱。此句意为:要在事情没有发生之前就采取行动,要在混乱没有发生之前就开始处理。 ②生于毫末:马王堆帛书本作"作于毫末"。此句意为:合抱的大树,也是从萌芽长起。③累土:一筐土。一说指低下之处。起于累土:马王堆帛书本作"作于累土"。此句意为:九层的高台,也是从第一筐土开始垒起。 ④千里之行:马王堆帛书本作"百仞之高"。

为者败之,执者失之。①是以圣人无为,故无败。无执,故无失。②民之从事,常于几成而败之。③慎终如始,则无败事。④

[**注释**]①此句参见二十九章注释。 ②此句意为:圣人行"无为"之道,所以不会失败。不勉强把持,所以没有损失。 ③几成:快要成功的时候。此句意为:人们做事,往往在快要成功的时候失败。此句郭店楚简丙本作"人之败也,恒于其且成也败之",郭店楚简甲本虽也有与六十四章相当的内容,但无此句。马王堆帛书本作"民之从事也,恒于其成而败之"。 ④此句意为:事情快完成时也能像开始时那样谨慎,就不会有失败之事。在"慎终如始"前面,郭店楚简甲本有"临事之纪",郭店楚简丙本无,马王堆帛书本有"故曰"。

是以圣人欲不欲,不贵难得之货①。学不学,复众人之所过②。以辅万物之自然,而不敢为。③

[**注释**]①欲不欲:以"无欲"为"欲",指没有贪欲。五十七章的"无欲",郭店楚简本和马王堆帛书本均作"欲不欲"。难得之货:奇珍异物。 ②学不学:以"不学"为"学",指不学那些"有为"之学。郭店楚简甲本作"教不教",郭店楚简丙本和马王堆帛书本均作"学不学"。复:返回到出发点,在此意为补救。复众人之所过:补救众人所犯的错误。 ③此句意为:辅助万物使其自然发展,而不敢加以干预。此句郭店楚简甲本作"是故圣人能辅万物之自然,而弗能为",郭店楚简丙本作"是以能辅万物之自然,而弗敢为",马王堆帛书本作"能辅万物之自然,而弗敢为"。

六十五章

古之善为道者,非以明民,将以愚之。①民之难治,以其智多②。故以智治国,国之贼③不以智治国,国之福。④知此两者,亦稽式。⑤

[注释]①古之善为道者:古来那些以"道"治国的人。马王堆帛书本作"古之为道者"。明民:使人民聪明。愚之:使人民纯朴。 ②以其智多:因为他们过多使用智巧。 ③此句意为:所以以智巧治国,(必然尔虞我诈,或激发物欲,)那是国家的灾难。 ④此句马王堆帛书本作"以不智治国,国之德也"。 ⑤稽式:原则、法式,河上公本作"楷式"。此句意为:了解这两种治国方式也是一项原则。

常知稽式,是谓玄德。①玄德深矣,远矣,与物反矣②,然后乃至大顺③。

[注释]①此句意为:常常懂得运用原则,这就是深远的品德。 ②反:复归。与物反:与物一同返归真朴。 ③大顺:与"道"不相违背的最大的"顺"。

六十六章

江海所以能为百谷王①者,以其善下之②,故能为百谷王。

[注释]①百谷王:一切河流之王。 ②善下之:善于处在一切河流的下游。此句郭店楚简本作"以其能为百谷下"。

是以欲上民必以言下之①,欲先民必以身后之②。是以圣人处上而民不重③,处前而民不害④。是以天下乐推而不厌⑤。以其不争⑥,故天下莫能与之争。

[注释]①欲上民:希望统治人民。必以言下之:必先用语言对人民表示谦恭。此句郭店楚简本作"其在民上也,以言下之"。马王堆帛书本作"是以圣人之欲上民也,必以其言下之"。傅奕本与马王堆帛书本基本相同。②欲先民:希望领导人民。必以身后之:必须将自己(的利益)放到人民的后面。此句郭店楚简本作"圣人之在民前也,以身后之"。 ③民不重:人民不感到有重压。此句郭店楚简本作"其在民上也,民弗厚也"。 ④民不害:人民不感到有妨害。此句郭店楚简本作"其在民前也,民弗害也"。 ⑤乐推而不厌:乐于推戴而不厌弃。 ⑥以其不争:马王堆帛书本作:"不以其无争与?"傅奕本作:"不以其不争?"

六十七章

天下皆谓我道大,似不肖。①夫唯大,故似不肖。②若肖,久矣其细也夫③。

[注释]①此句马王堆帛书本作"天下□谓我大,大而不肖"。河上公本作"天下皆谓我大,似不肖"。傅奕本与河上公本基本相同。无"道"字义胜。我:指圣人。不肖:不像。此句意为:天下都说我很伟大,但不像任何具体的东西。 ②此句意为:正因为伟大,所以不像任何具体的东西。此句马王堆帛书本作"夫唯不肖,故能大"。 ③久矣其细也夫:早就渺小了。

我有三宝,持而保之①。一曰慈②,二曰俭③,三曰不敢为天下先④。

[注释]①持而保之:掌握并保有它。马王堆帛书本、傅奕本作"持而宝之"。 ②慈:宽容、慈爱。 ③俭:吝惜、节约,与五十九章的"啬"语义接近。 ④不敢为天下先:即谦下和不争。

慈,故能勇。①俭,故能广。②不敢为天下先,故能成器长③。今舍慈且勇,舍俭且广,舍后且先,死矣。④夫慈,以战则胜,以守则固。⑤天将救之,以慈卫之。⑥

[注释]①此句意为:因为慈爱,故能勇敢。 ②此句意为:因为节俭,故能广大。 ③器:物。故能成器长:所以能成为万物之长,即成为天下领袖。马王堆帛书本作"故能为成器长"。 ④且:通"徂",意为"取"。此句意为:现在舍弃慈爱而求勇敢,舍弃节俭而求广大,舍弃退让而求争先,这是死路一条。 ⑤此句意为:慈爱,用来作战就能取胜,用来防卫就能固守。⑥此句意为:天要拯救谁,就用慈爱保护谁。此句马王堆帛书本作"天将建之,如以慈垣之"。

六十八章

善为士者不武①,善战者不怒②,善胜敌者不与③,善用人者为之下④。

[注释]①善为士者不武:善为将帅者不逞勇武。 ②善战者不怒:善战者不轻易发怒。 ③善胜敌者不与:善于取胜者,不待交锋(就已胜敌)。 ④善用人者为之下:善用人者甘为人下。

是谓不争之德,是谓用人之力①,是谓配天②,古之极③。

[注释]①是谓用人之力:这叫利用别人的力量。马王堆帛书本作"是谓用人"。 ②配天:符合天道。 ③古之极:自古以来的最高准则。

六十九章

用兵有言①,吾不敢为主而为客②,不敢进寸而退尺③。是谓行无行④,攘无臂⑤,扔无敌⑥,执无兵⑦。

[注释]①用兵有言:用兵者有这样的说法。　②不敢为主而为客:不敢取攻势,宁愿取守势,即不主动挑起战争。　③不敢进寸而退尺:不敢进一寸,宁愿退一尺。　④行:行列、布阵。行无行:布阵,像是没有确定的形态。⑤攘无臂:举起臂膀,像是没有臂膀。　⑥扔无敌:前后四句,马王堆帛书本作"是谓行无行,攘无臂,执无兵,乃无敌矣",非常通顺。可见"扔无敌"即"乃无敌",应调整为第四句。一说"扔"意为对抗,"扔无敌":与敌对抗,像是无敌可对。　⑦执无兵:举着兵器,像是没有兵器。

祸莫大于轻敌,轻敌几丧吾宝。①故抗兵相加,哀者胜矣。②

[注释]①吾宝:吾身。轻敌几丧吾宝:轻敌几乎会牺牲自己。此二句,马王堆帛书本作"祸莫大于无敌,无敌近亡吾宝矣",傅奕本基本相同。②抗:对等。相加:马王堆帛书本、傅奕本作"相若",意为"相当",作"相若"义胜。此句意为:当敌对两军力量相当时,哀兵必胜。

七十章

吾言甚易知,甚易行。天下莫能知,莫能行。①言有宗,事有君。②夫唯无知,是以不我知。③知我者希,则我者贵。④是以圣人被褐怀玉⑤。

[注释]①此数句,马王堆帛书本作"吾言易知也,易行也。而天下莫之能知也,莫之能行也"。　②宗:宗旨、纲领。君:主宰、根据。言有宗,事有君:言语有其宗旨,做事有其根据。这里的"宗"、"君",应指无为之道。③此句意为:因为无知,不了解"道",所以人们不了解我。　④希:即"稀"。则:效法。贵:难得。此句意为:知道我的人很少,效法我的人更难得。⑤褐:粗布衣服。被褐怀玉:穿着粗衣,怀揣美玉。即圣人看上去很普通,实际上身怀至宝。

七十一章

知不知,上。①不知知,病。②夫唯病病,是以不病。③圣人不病,以其病病,是以不病。④

[注释]①知不知:知道自己有所不知。上:最好。 ②不知知:不懂却以为自己懂。病:弊病、困扰。 ③唯:因为。病病:把这种病当做病。此句意为:正因为把这种病当做病,所以能够不病。 ④此句意为:圣人之所以没有毛病,因为他把这种病当做弊病和困扰,所以能够不病。马王堆帛书本作"是以圣人之不病也,以其病病,是以不病",没有前面"夫唯病病,是以不病"二句。显然马王堆帛书本比较合理。

七十二章

民不畏威,则大威至。① 无狎其所居,无厌其所生。② 夫唯不厌,是以不厌。③

[注释]①不畏威:不怕统治者的威压。大威:天诛,上天的惩罚。马王堆帛书本作"民之不畏威,则大威将至矣"。 ②两个"无"字,马王堆帛书本作"毋"。狎:通"狭",河上公本作"狭",意为排挤、窘逼。厌:压。无狎其所居:不要挤压人民的居处。无厌其所生:不要压榨人民的生活。 ③第一个"厌"字意为"压榨",第二个"厌"字意为"厌恶"。此句意为:正因为不压榨人民,人民才不厌弃统治者。

是以圣人自知,不自见。① 自爱,不自贵。② 故去彼取此③。

[注释]①自见:自我表现。此句意为:因此圣人但求自知,而不求自我表现。马王堆帛书本作"是以圣人自知而不自见也"。 ②自贵:自居高贵。此句意为:但求珍重自爱,而不自居高贵。马王堆帛书本作"是以圣人自爱而不自贵也"。 ③去彼:舍弃"自见"、"自贵"。取此:保持"自知"、"自爱"。

七十三章

勇于敢则杀①,勇于不敢则活②。此两者,或利或害。③天之所恶,孰知其故?④是以圣人犹难之⑤。

[注释]①杀:与"活"相对,指"死"。勇于敢则杀:勇气用于逞强者不得好死。意同七十六章"坚强者死之徒"及四十二章"强梁者不得其死"。②勇于不敢则活:勇气不用于逞强者有生路。意同七十六章"柔弱者生之徒"。 ③两者:两种勇气,指"勇于敢"和"勇于不敢"。或:有。或利或害:有利有害。 ④此句意为:天所厌恶的,谁能知道其原因? ⑤圣人犹难之:圣人尚且觉得困难。此句又见六十三章。马王堆帛书本无此句,可能是古人注释误入正文。

天之道,不争而善胜①,不言而善应②,不召而自来③,绰然而善谋④。天网恢恢,疏而不失。⑤

[注释]①不争而善胜:不争胜而善于取胜。"不争",马王堆帛书本作"不战"。 ②不言而善应:不说话而善于回应。 ③不召而自来:不用召唤就自动到来。 ④绰然:舒缓、坦然。"绰",马王堆帛书本作"坦"。绰然而善谋:看似坦然却善于筹划。 ⑤恢恢:广大。疏:网孔稀疏。不失:没有遗漏。

七十四章

民不畏死,奈何以死惧之?①若使民常畏死,而为奇者,吾得执而杀之,孰敢?②

[注释]①此句意为:百姓不怕死,为何用死去恐吓他们?马王堆帛书本作"若民恒且不畏死,若何以杀惧之也?"傅奕本作"民常不畏死,如之何其以死惧之?" ②奇:读jī,诡异不正、邪伪不正。为奇者:指捣乱分子。此句意为:如果百姓常怕死,那么我把那些捣乱分子抓起来杀掉,谁还敢捣乱?

常有司杀者杀①,夫代司杀者杀,是谓代大匠斫②,夫代大匠斫者,希有不伤其手矣③。

[注释]①此句前马王堆帛书本有"若民恒且必畏死",也就是说,此章分述"民不畏死"、"使民常畏死"、"若民必畏死"三种情况。从上下文看,有"若民恒且必畏死",文意才较完整。常有司杀者杀:一般总是管杀人的人去杀人。 ②代大匠斫:如同代替高明木匠砍木头。 ③希有不伤其手矣:很少有不砍伤自己手者。

七十五章

民之饥,以其上食税之多①,是以饥。民之难治②,以其上之有为③,是以难治。民之轻死,以其上求生之厚,是以轻死。④夫唯无以生为者,是贤于贵生。⑤

[注释]①以其上食税之多:因为统治者征收了太多的税收。此句马王堆帛书本作"以其取食税之多"。 ②难治:马王堆帛书本作"不治"。 ③上之有为:统治者喜欢有所作为。 ④轻死:不怕死,不把死当回事。以其上求生之厚:因为统治者养生过于优厚。 ⑤此句意为:那些不过分追求"养生"、保持清净恬淡的人,要胜过太重"养生"、厚自奉养的人。

七十六章

人之生也柔弱①,其死也坚强②。万物草木之生也柔脆③,其死也枯槁④。故坚强者死之徒,柔弱者生之徒。⑤

[注释]①此句意为:人活着时身体柔弱。 ②此句意为:人死了身体变得僵硬。此句马王堆帛书本作"其死也䐃信坚强"。"䐃信"即"筋肕",和"坚强"意近。 ③万物:有学者以为"万物"二字为衍文。此句意为:草木活着时枝干柔脆。 ④此句意为:草木死了枝干变得枯槁。 ⑤徒:类。此句意为:所以凡是坚强的都属死亡一类,凡是柔弱的都属生存一类。

是以兵强则不胜①,木强则兵②。强大处下,柔弱处上。③

[注释]①兵强则不胜:用兵逞强就会走向破灭。 ②木强则兵:树木强大就会遭砍伐。 ③强大处下:强大者(最终)处于下位。柔弱处上:柔弱者(最终)处于上位。

七十七章

天之道,其犹张弓与。①高者抑之,下者举之。②有余者损之,不足者补之。③天之道,损有余而补不足。④人之道则不然,损不足以奉有余。孰能有余以奉天下⑤?唯有道者。是以圣人为而不恃,功成而不处,其不欲见贤。⑥

[注释]①此句意为:天道犹如一张拉开的弓。 ②抑:向下压。举:往上抬。此句意为:瞄准射箭时,高了就压低一点,低了就抬高一点。 ③此句意为:过满过多时就有所减少,不足不满时就有所补足。 ④损有余而补不足:马王堆帛书本作"损有余而益不足"。此句意为:天之道,减少有余者而补充不足者。 ⑤孰能有余以奉天下:马王堆帛书本作"夫孰能有余而有以奉于天者",傅奕本作"孰能损有余而奉不足于天下者"。此句意为:谁能将有余拿出来奉献给天下(不足者)? ⑥为而不恃:马王堆帛书本作"为而弗有"。功成而不处:马王堆帛书本作"成功而弗居"。这两句又见二章。不欲见贤:不想把聪明表露出来。

七十八章

天下莫柔弱于水①,而攻坚强者莫之能胜②,其无以易之③。弱之胜强,柔之胜刚。④天下莫不知,莫能行。⑤

[注释]①天下莫柔弱于水:天下没有比水更柔弱的东西。 ②而攻坚强者莫之能胜:但在战胜坚硬的东西时,没有什么能比得上它。 ③其无以易之:没有什么能代替它。 ④弱之胜强:弱能胜过强。柔之胜刚:柔能胜过刚,马王堆帛书本作"水之胜刚"。这两句意同三十六章的"柔弱胜刚强"。⑤莫不知:没人不知这个道理。莫能行:没人能做到。

是以圣人云:受国之垢,是谓社稷主。①受国不祥,是为天下王。②正言若反③。

[注释]①垢:屈辱。此句意为:能够忍受国家之屈辱者,可以做一国君主。 ②不祥:灾难。此句意为:能够承担国家之灾难者,可以做天下的君主。 ③正言若反:正面的话听上去像是反话。

七十九章

和大怨,必有余怨,①安可以为善②?是以圣人执左契而不责于人③。有德司契,无德司彻。④天道无亲,常与善人。⑤

[注释]①此句意为:调和了大的怨仇,必然还会留下余怨。 ②安:通"焉",怎样。安可以为善:怎样才能做到善呢? ③契:契约。左契:讨债的凭证。古代契约一分为二,贷者执左契,借者执右契。圣人执左契而不责于人:圣人虽然持有左契却不向人索求。 ④司契:掌管契约的人。彻:周代的租税。司彻:掌管税收的人。有德司契:有德的人像掌管契约者(那样从容)。无德司彻:无德的人像掌管租税者(那样苛刻)。 ⑤天道无亲:天道没有偏爱,无分亲疏。常与善人:常与善人在一起。

八十章

小国寡民①。使有什伯之器而不用②,使民重死而不远徙③。虽有舟舆,无所乘之;虽有甲兵,无所陈之。④使人复结绳而用之⑤。

[注释]①小国寡民:国家小,人民少。此句及以下内容,描述的都是老子心目中的理想国。　②使有什伯之器而不用:马王堆帛书本作"使有十百人器而勿用"。可见"什伯之器"指相当于十倍、百倍人工的器物,即先进的机械。此句意为:即使有先进的机械也不用。　③使民重死而不远徙:使百姓怕死,不冒险,不远离家乡。　④此句意为:即使有车船,却无必要乘坐;即使有铠甲兵器,却没机会陈列(出来用于战争)。　⑤结绳:远古时期的计数记事手段。使人复结绳而用之:让人民回到远古结绳记事的时代。

甘其食,美其服,安其居,乐其俗。①邻国相望,鸡犬之声相闻,民至老死不相往来。②

[注释]①此句意为:人民满足于他们的饮食,喜爱他们的服装,安于他们的居处,陶醉于他们的风俗。　②此句意为:邻国间相互能看见,鸡狗之叫声能相互听见,百姓却老死不相往来。

八十一章

信言不美,美言不信。①善者不辩,辩者不善。②知者不博,博者不知。③

[注释]①信言:真实的话。不美:不动听、不漂亮。不信:不真实、不可信。 ②善者:善良的人。一说"善者"指真正善于言说者。不辩:不巧辩。辩者:能说会道的人。此二句,马王堆帛书本作"善者不多,多者不善",意为善良者不充裕,充裕者不善良。 ③知者:真正懂的人。不博:不驳杂。一说"不博"指不卖弄。博者不知:驳杂的人并不真懂。

圣人不积①,既以为人,己愈有②。既以与人,己愈多。③天之道,利而不害。④圣人之道,为而不争。⑤

[注释]①不积:不私自积藏,没有保留。 ②此句意为:尽量帮助别人,自己反而更充足。 ③此句意为:尽量给予别人,自己反而更丰富。 ④此句意为:天道利人而不害人。 ⑤此句意为:圣人之道,虽有所为,但谦卑不争。

附录:郭店楚墓竹简本《老子》

甲 本

1

绝智弃辩,民利百倍。绝巧弃利,盗贼亡有。绝伪弃诈,民复孝慈。三言以为辨不足,或命之或乎属。视素保朴,少私寡欲。(今本第十九章)

2

江海所以为百谷王,以其能为百谷下,是以能为百谷王。圣人之在民前也,以身后之。其在民上也,以言下之。其在民上也,民弗厚也。其在民前也,民弗害也。天下乐进而弗厌。以其不争也,故天下莫能与之争。(今本第六十六章)

3

罪莫厚乎甚欲,咎莫憯乎欲得,祸莫大乎不知足。知足之为足,此恒足矣。(今本第四十六章)

4

以道佐人主者,不欲以兵强于天下。善者果而已,不以取强。果而弗伐,果而弗骄,果而弗矜,是谓果而不强。其事好①。(今本第三十章)

5

长古之善为士者,必微溺玄达,深不可识,是以为之容:豫乎若冬涉川,犹乎其若畏四邻,严乎其若客,涣乎其若释,屯乎其若朴,坉乎其若浊。孰能浊以静者,将徐清。孰能仜以迬者,将徐生②。保此道者不欲尚盈。(今本第十五章)

6

为之者败之,执之者远③之。是以圣人亡为故亡败。亡执故亡失。临事之纪,慎终如始,此亡败事矣。圣人欲不欲,不贵难得之货,教不教,复众之所过。是故圣人能辅万物之自然,而弗能为。(今本第六十四章)

7

道恒亡为也,侯王能守之,而万物将自化。化而欲作,将镇之以亡

---

① 此处,据今本,郭店楚简本可能抄漏一个"还"字。也有学者认为,"其事好"当与下一章首字连读为"其事好长"。

② 这句话,马王堆帛书本作"安以重之,徐生"。"重"与"动"通假。今本作"孰能安以久动之徐生",因此,郭店楚简本的"仜"字恐为"安"字之误,"迬"与"重"音近相通。

③ "远"字恐为"失"字之误,楚系文字中,"远"字和"失"字形近。丙本有同样内容,作"执之者失之"。

名之朴。夫亦将知足,知①以静,万物将自定。(今本第三十七章)

8

为亡为,事亡事,味亡味。大小之多易必多难。是以圣人犹难之,故终亡难。(今本第六十三章)

9

天下皆知美之为美也,恶已。皆知善,此其不善已。有亡之相生也,难易之相成也,长短之相形也,高下之相盈也,音声之相和也,先后之相随也。是以圣人居亡为之事,行不言之教。万物作而弗始也,为而弗恃也,成而弗居。天②唯弗居也,是以弗去也。(今本第二章)

10

道恒亡名,朴虽微,天地弗敢臣,侯王如能守之,万物将自宾。天地相合也,以逾甘露。民莫之令天③自均安④。始制有名。名亦既有,夫亦将知止,知止所以不殆。譬道之在天下也,犹小谷之与江海。(今本第三十二章)

11

有状混成,先天地生,敓穆,独立不改,可以为天下母。未知其名,字之曰道,吾强为之名曰大。大曰潛,潛曰遝⑤,遝曰返。天

---

① 此处郭店楚简本可能抄漏一个"足"字。
② "天"当为"夫"的错字,楚系文字中,二者形近易误。
③ "天"当为"而"的错字,楚系文字中,二者形近易误。
④ "安"为"焉"的通假字,以下同。
⑤ "遝"可能是"远"的错字,楚系文字中,二者形近易误。

大,地大,道大,王亦大。国中有四大焉,王居一焉。人法地,地法天,天法道,道法自然。(今本第二十五章)

12

天地之间,其犹橐籥与。虚而不屈,动而愈出。(今本第五章)

13

至虚恒①也。守中笃也。万物方作,居以须复也。天道员员,各复其根。(今本第十六章)

14

其安也,易持也。其未兆也,易谋也。其脆也,易判也。其几也,易䞒也。为之于其亡有也。治之于其未乱。合□□□□□②末,九成之台,甲□□□□□□□□③足下。(今本第六十四章)

15

知之者弗言,言之者弗知。闵④其兑,塞其门,和其光,同其尘,剉其锬,解其纷,是谓玄同。故不可得天⑤亲,亦不可得而疏。不可得而利,亦不可得而害。不可得而贵,亦可⑥不可得而贱。故

---

① 楚系文字中,"恒"和"极"常混用,这里应读为"极"。
② 这段话的前后文,今本作"合抱之木,生于毫末"。
③ 这段话的前后文,马王堆帛书本作"九成之台,作于累土,百仞之高,始于足下",今本作"九层之台,起于累土。千里之行,始于足下"。
④ "闵"有可能是"闭"的错字。
⑤ "天"当为"而"的错字。
⑥ "亦"下"可"字当为衍文。

为天下贵。(今本第五十六章)

16

以正治邦,以奇用兵,以亡事取天下。吾何以知其然也?夫天多忌讳,而民弥叛。民多利器,而邦滋昏。人多智,天①奇物滋起。法物滋彰,盗贼多有。是以圣人之言曰:我无事而民自富,我亡为而民自化,我好静而民自正,我欲不欲而民自朴。(今本第五十七章)

17

含德之厚者,比于赤子,虺虿蟲蛇弗蠚,攫鸟猛兽弗扣,骨弱筋柔而捉固。未知牝牡之合朘怒,精之至也。终日乎②而不忧③,和之至也,和曰㮣④,知和曰明。益生曰祥,心使气曰强,物壮则老,是谓不道。(今本第五十五章)

18

名与身孰亲?身与货孰多?得与亡孰病?甚爱必大费,厚藏必多亡。故知足不辱,知止不殆,可以长久。(今本第四十四章)

19

返也者,道动也。弱也者,道之用也。天下之物生于有,生于亡。(今本第四十章)

---

① "天"当为"而"的错字。
② "乎"在此或许当读为"呼"。
③ "忧"在此或许当读为"呹"。
④ "㮣"字有可能是"裳"的错字,"裳"可读为"常"。

20

柒而盈之,不不若已①。揣而群之,不可长保也。金玉盈室,莫能守也。贵富骄,自遗咎也。功遂身退,天之道也。(今本第九章)

乙　本

1

治人事天,莫若啬。夫唯啬,是以早,是以②早服是谓……③不克。〔亡〕不克则莫知其亘④,莫知其亘,可以有国。有国之母,可以长……⑤,长生久视之道也。(今本第五十九章)

2

学者日益,为道者日损。损之或损,以至亡为也,亡为而亡不为。(今本第四十八章)

---

① 此处郭店楚简本可能衍一"不"字,脱一"其"字。马王堆帛书本作"不若其已"。今本作"不如其已"。

② "是以早"后面可能抄漏一个"服"字,"是以早"后面的"是以"可能是衍文。也有学者认为"是以早"三字是衍文。

③ 这段话的前后文,马王堆帛书本残缺,今本作"早服谓之重积德,重积德则无不克"。

④ 楚系文字中,"亘"和"亟"常混用,这里应读为"极"。

⑤ 这段话的前后文,马王堆帛书本和今本均作"可以长久。是谓深根固柢"。

附录:郭店楚墓竹简本《老子》

3

绝学亡忧,唯与呵,相去几何？美与恶,相去何若？人之所畏,亦不可以不畏。(今本第二十章)

4

人宠辱若缨,贵大患若身。何谓宠辱？宠为下也。得之若缨,失之若缨,是谓宠辱①缨。□□□□□②若身？吾所以有大患者,为吾有身。及吾亡身,或何□□□□□③为天下,若可以托天下矣。爱以身为天下,若可以达天下矣。(今本第十三章)

5

上士闻道,勤能行于其中。中士闻道,若闻若亡。下士闻道,大笑之。弗大笑,不足以为道矣。是以建言有之:明道如悖,夷道□□□④道若退。上德如谷,大白如辱,广德如不足。建德如□□⑤真如愉。大方亡隅,大器曼成,大音衹声,天象亡形。道……⑥(今本第四十一章)

---

① 此处竹简本可能脱一"若"字。马王堆帛书本和今本均作"宠辱若惊"。
② 这五个缺字,马王堆帛书本和今本均作"何谓贵大患"。
③ 这段话的前后文,马王堆帛书本作"有何患？故贵为身于为天下"。今本作"吾有何患？故贵以身为天下"。郭店楚简本可能接近马王堆帛书本。
④ 这段话的前后文,马王堆帛书本作"进道如退,夷道如类"。今本作"进道若退,夷道若颣"。
⑤ 这两个缺字,今本作"偷、质"。
⑥ 这段话的前后文,马王堆帛书本作"隐襃无名,夫唯道,善始且善成"。今本作"道隐无名,夫唯道善贷且成"。

6

闭其门,塞其兑,终身不丞。启其兑,赛其事,终身不迷。(今本第五十二章)

7

大成若缺,其用不敝。大盈若盅,其用不穷。大巧若拙,大成若诎,大直若屈。燥胜沧,清胜热,清静为天下正。(今本第四十五章)

8

善建者不拔,善休①者不脱,子孙以其祭祀不屯。修之身,其德乃真。修之家,其德有余。修之乡,其德乃长。修之邦,其德乃丰。修之天下□□□□□□②家,以乡观乡,以邦观邦,以天下观天下。吾何以知天□□□□□③。(今本第五十四章)

丙 本

1

大上下知有之,其次亲誉之,其次畏之,其次侮之。信不足,安有不信。犹乎其贵言也。成事遂功,而百姓曰我自然也。(今本第

---

① 此字恐为"保"字简写。其字形与郭店楚简《老子》甲本"视素保朴"(今本第十九章)所见"保"字近似。

② 这段话的前后文,马王堆帛书本作"修之天下,其德乃溥。以身观身,以家观家"。今本作"修之于天下,其德乃普。故以身观身,以家观家"。

③ 这段话的前后文,马王堆帛书本和今本均作"吾何以知天下然哉?以此"。

十七章)

2

故大道废,安有仁义。六亲不和,安有孝慈。邦家昏□①,安有正臣。(今本第十八章)

3

埶大象,天下往。往而不害,安平大。乐与饵,过客止。故道□□□②,淡呵其无味也。视之不足见,听之不足闻,而不可既也。(今本第三十五章)

4

君子居则贵左,用兵则贵右。故曰:兵者□□□□□③得已而用之。铦绵为上,弗美也。美之,是乐杀人。夫乐□□□④以得志于天下。故吉事上左,丧事上右。是以偏将军居左,上将军居右,言以丧礼居之也。故杀□□⑤,则以哀悲莅之。战胜则以丧礼居之。(今本第三十一章)

5

为之者败之,执之者失之。圣人无为,故无败也。无执,故

---

① 据马王堆帛书本及今本,这个缺字可能是"乱"。
② 据马王堆帛书本及今本,这三个缺字可能是"之出言"或"之出口"。
③ 这段话的前后文,马王堆帛书本作"兵者非君子之器,兵者不祥之器也,不得已而用之"。今本作"兵者,不祥之器,非君子之器,不得已而用之"。
④ 这段话的前后文,马王堆帛书本作"夫乐杀人,不可以得志于天下矣"。今本作"夫乐杀人者,则不可以得志于天下矣"。
⑤ 据上下文及马王堆帛书本,这两个缺字可能是"人众"。

□□□①。慎终若始，则无败事矣。人之败也，恒于其且成也败之。是以□②人欲不欲，不贵难得之货。学不学，复众人之所过。是以能辅万物之自然，而弗敢为。（今本第六十四章）

---

① 据上下文及楚简本《老子》甲本，这三个缺字可以补作"无失也"。
② 据上下文，这个缺字无疑是"圣"字。

参 考 文 献

俞樾:《老子平议》(收入万有文库《诸子平议》),上海:商务印书馆,1935年版。
蒋锡昌:《老子校诂》,上海:商务印书馆,1937年版。
高亨:《重订老子正诂》,北京:古籍出版社,1957年版。
严灵峰:《无求备斋老子集成》初编,台北:艺文印书馆,1965年版。
严灵峰:《无求备斋老子集成》续编,台北:艺文印书馆,1970年版。
岛邦男:《老子校正》,东京:汲古书院,1973年版。
马叙伦:《老子校诂》,北京:中华书局,1974年版。
楼宇烈校释:《王弼集校释》,北京:中华书局,1980年版。
高亨:《老子注译》,郑州:河南人民出版社,1980年版。
国家文物局古文献研究室编:《马王堆汉墓帛书(壹)》,北京:文物出版社,1980年版。
朱谦之:《老子校释》,北京:中华书局,1984年版。
陈鼓应:《老子注译及评介》,北京:中华书局,1984年版。
任继愈:《老子新译》,上海:上海古籍出版社,1985年版。
许抗生:《帛书老子注释与研究》,杭州:浙江人民出版社,1985年版。
卢育三:《老子释义》,天津:天津古籍出版社,1987年版。

古棣、周英:《老子通》(上下),长春:吉林人民出版社,1991年版。

杨树达:《周易古义·老子古义》,上海:上海古籍出版社,1991年版。

陈鼓应:《老庄新论》,香港:中华书局有限公司,1991年版。

饶宗颐:《老子想尔注校证》,上海:上海古籍出版社,1991年版。

许结、许永璋:《老子——诗学宇宙》,合肥:黄山书社,1992年版。

王博:《老子思想的史官特色》,台北:文津出版社,1993年版。

王卡点校:《老子道德经河上公章句》,北京:中华书局,1993年版。

王世舜、韩慕君:《老庄词典》,济南:山东教育出版社,1993年版。

熊铁基、马良怀、刘韶军:《中国老学史》,福州:福建人民出版社,1995年第1版,2005年第2版。

尹振环:《帛书老子释析》,贵阳:贵州人民出版社,1995年版。

李申:《老子与道家》,北京:商务印书馆,1996年版。

高明:《帛书老子校注》,北京:中华书局,1996年版。

金谷治:《老子》,东京:讲谈社,1997年版。

丁原植:《郭店楚简老子释析与研究》,台北:万卷楼图书有限公司,1998年版。

张松如:《老子说解》,济南:齐鲁书社,1998年版。

荆门市博物馆编:《郭店楚墓竹简》,北京:文物出版社,1998年版。

池田知久:《郭店楚简老子研究》,东京:东京大学中国思想文化学研究室,1999年版。

刘信芳:《荆门郭店楚简老子解诂》,台北:艺文印书馆,1999年版。

熊铁基:《秦汉新道家》,上海:上海人民出版社,2001年版。

熊铁基、刘韶军、刘筱红、吴琦、刘固盛:《二十世纪中国老学》,福州:福建人民出版社,2002年版。

李若晖:《郭店竹书老子论考》,济南:齐鲁书社,2004年版。

孙以楷:《老子通论》,合肥,安徽大学出版社,2004年版。

王德有:《老子指归译注》,北京:商务印书馆,2004年版。

刘笑敢:《老子古今》上下卷,北京:中国社会科学出版社,2006年版。

宁镇疆:《老子"早期传本"解构及其流变研究》,上海:学林出版社,2006年版。

池田知久:《老子》(马王堆出土文献译注丛书),东京:东方书店,2006年版。

邓立光:《老子新诠——无为之治及其形上理则》,上海:上海古籍出版社,2007年版。

后　　记

　　说来惭愧,这本小书从接手到完成,花了近三年时间。除了自己不可饶恕的怠惰外,也是因为老子的博大精深,研究老子的著述读得越多,越不敢下手去写。很担心自己将来回过头来看这部作品时,会陷入深深的自责:"你读的书太少了,你的见识太浅了,你为什么不到十年、二十年、五十年以后再写?"

　　关于《老子》的书,如果用多如牛毛去形容,可能并不夸张。在这些牛毛中,或许再加一根不算多,减一根也不算少。虽然知道这本小书无法避免沦为牛毛的命运,但还是竭力想让这根牛毛增加一点特色,能够和其他牛毛稍稍区别开来。

　　为此,我着力在《老子》思想体系的梳理和《老子》思想阐述的方法上下点工夫。

　　《老子》是一部哲学诗,看上去散漫无章,不成系统,但其实存在着内在的思想体系,这一点无可怀疑。但如何将其思想体系提炼和阐述出来,仁者见仁,智者见智。本书也是一种阐释,迟迟不能落笔,一个很大的原因,就是笔者既想综合前人的研究成果,又不想人云亦云。因此,需要找到一个简单的框架,能够将老子思想的各个侧面、各个层次有机地串联起来,能够将老子融宇宙论、本体论、工夫论、境界论为一体的实践哲学的特征合理地显现出来。

笔者以为,"道之体"和"道之用"的框架,最足以表达《老子》丰富的内涵和复杂的思想,这不是笔者的创造,但笔者接受这一框架,并通过这本小书,将笔者思考的过程展示出来,这样的阐述是否存在缺陷,是否过于浅陋,由读者评判。但读者至少可以看到,这本小书和那些老面孔是有所区别的。

《老子》用诗歌表达哲学,避免了言不尽意的尴尬。但后人则不得不使用普通的语言去解释《老子》,尤其是20世纪之后,西式的逻辑思维方式和语言表达方式已经成为我们生命的一部分,我们不得不使用概念、范畴,通过假设、推理、论证去表述老子用比喻、象征、寓言、问答方式传达的思想。因此,这中间产生的思想扭曲和文意丢失是在所难免的。为此,注解部分,笔者尽可能尊重历代的考据成果,尽可能使用新出土材料作为佐证,做到言出有典,不信口开河。通说部分,除了人文自然那一段(参见本书第58~59页)有所发挥外,基本上是用老子自己的话阐述《老子》,不曲解《老子》以合己意;在每一处引文后面我都标上章号,以便于读者查对;尽可能向读者介绍最新的学术观点、最新的考古发现,力图让读者看到新东西,有新发现。虽然语言力求简洁明了,雅俗共赏,但同时力图保持严肃,不为求新求变而故作大胆想象、故作惊人之言。

本书写作期间,学生孙江平为我查找了大量资料,改正了一些文字错误,提出了不少有益的见解,特此致谢。

曹　峰

2008年12月

近期国学读物要目

国学新读本
诗经　梁锡锋　注说
论语　臧知非　注说
尚书　姜建设　注说
国语　曹建国　张玖青　注说
孔子家语　杨朝明　注说
山海经　郑慧生　注说
墨子　苏凤捷　程梅花　注说
孟子　何晓明　周春健　注说
庄子　曹础基　注说
荀子　杨朝明　注说
韩非子　赵沛　注说
孙子兵法　赵国华　注说
楚辞　李中华　邹福清　注说
潜夫论　王符　著　王健　注说
文心雕龙　刘勰　著　戚良德　注说

礼记　杨天宇　注说
老子　曹峰　注说
吕氏春秋　张富祥　注说
晏子春秋　骈宇骞　注说
战国策　张彦修　注说
淮南子　杨有礼　注说
春秋繁露　曾振宇　注说
颜氏家训　董文武　注说
世说新语　赵成林　注说
史通　李振宏　注说

百年河大国学旧著新刊
河洛方言诠诂　王广庆　著
三统历表　邵瑞彭　著
中国戏剧概论　卢前　著
晚明思想史论　嵇文甫　著
论语新探　赵纪彬　著
天问研究　孙作云　著

汉魏六朝文学史　李嘉言　著
金艺文志　金登科记考　万曼　著
唐集叙录　万曼　著
中国文学史新编　张长弓　著
汉碑集释　高文　著
袁中郎研究　任访秋　著
东夷杂考　李白凤　著
宋会要辑稿考校　王云海　著
长江集新校　李嘉言　著
高适岑参选集　高文　王刘纯　选著
花间集注　华锺彦　著
庆湖遗老诗集校注　王梦隐　著
曾瑞散曲集校注　李春祥　著
辛弃疾选集　佟培基　选著

于安澜书画学四种
画论丛刊
画史丛书
画品丛书
书学名著选

元典文化丛书
中华第一经——《周易》与中国文化　宋会群　苗雪兰　著
教化百科——《诗经》与中国文化　孙克强　张小平　著
经国治民之典——《周礼》与中国文化　郝铁川　著
哲人的智慧——《老子》与中国文化　高秀昌　龚力　著
圣人箴言录——《论语》与中国文化　李振宏　著
武学圣典——《孙子兵法》与中国文化　龚留柱　著
亚圣思辨录——《孟子》与中国文化　何晓明　著
逍遥之祖——《庄子》与中国文化　白本松　王利锁　著
外王之学——《荀子》与中国文化　张曙光　著
中国帝王术——《韩非子》与中国文化　王宏斌　著
史家绝唱——《史记》与中国文化　邓鸿光　著
诸经总龟——《春秋》与中国文化　涂文学　周德钧　著
管理宝典——《管子》与中国文化　袁闯　著
纵横家书——《战国策》与中国文化　张彦修　著
人仙之间——《抱朴子》与中国文化　徐仪明　冷天吉　著
医学圣典——《黄帝内经》与中国文化　王庆宪　梁晓珍　著
礼乐渊薮——《礼记》与中国文化　黄宛峰　著
词章之祖——《楚辞》与中国文化　李中华　著
星学宝典——《历书天官书》与中国文化　郑慧生　著
天人衡中——《春秋繁露》与中国文化　曾振宇　范学辉　著

王政全书——《吕氏春秋》与中国文化　张富祥　著
神话之源——《山海经》与中国文化　高有鹏　孟芳　著
新道鸿烈——《淮南子》与中国文化　杨有礼　著
史家龟鉴——《史通》与中国文化　曾凡英　著
政事纲纪——《尚书》与中国文化　姜建设　著
春秋弦歌——《左传》与中国文化　龚留柱　著
平民理想——《墨子》与中国文化　苏凤捷　程梅花　著
人伦本原——《孝经》与中国文化　臧知非　著
法典之王——《唐律疏议》与中国文化　徐永康　吉霁光　郑取　著
文论巨典——《文心雕龙》与中国文化　戚良德　著

宋代研究丛书

北宋诗学　张海鸥　著
宋代东京研究　周宝珠　著
宋代地域经济　程民生　著
宋代监察制度　贾玉英　著
宋代官员选任和管理制度　苗书梅　著
宋代地域文化　程民生　著
宋代文学通论　王水照　主编
宋代司法制度　王云海　主编
宋代教育　苗春德　主编
清明上河图与清明上河学　周宝珠　著
宋代文化史　姚瀛艇　主编
黄庭坚与宋代文化　杨庆存　著
宋代交通管理制度研究　曹家齐　著
岳飞和南宋前期政治与军事研究　王曾瑜　著
成圣之道——北宋二程修养工夫论之研究　温伟耀　著
宋代绘画研究　邓乔彬　著

汉语史专书语法研究丛书

《三朝北盟会编》语法研究　刁晏斌　著
《荀子》虚词研究　黄珊　著
《晏子春秋》词类研究　姚振武　著
《聊斋俚曲》语法研究　冯春田　著
《孟子》词类研究　崔立斌　著
《朱子语类辑略》语法研究　吴福祥　著
敦煌变文12种语法研究　吴福祥　著
《吕氏春秋》句法研究　殷国光　著
《尚书》语法论稿　钱宗武　著
《左传》语法研究　何乐士　著
《元典章·刑部》语法研究　李崇兴　祖生利　著
汉语语法史断代专书比较研究　何乐士　著

图书在版编目（CIP）数据

老子/曹峰注说.—开封：河南大学出版社，2011.5
（2014.1 重印）
（国学新读本）
ISBN 978-7-5649-0451-7

Ⅰ.①老… Ⅱ.①曹… Ⅲ.①道家②老子－注释 Ⅳ.
①B223.12

中国版本图书馆 CIP 数据核字（2011）第 090555 号

责任编辑　李　云
责任校对　齐丹锋
封面设计　马　龙

出　　版	河南大学出版社	
	地址：河南省开封市明伦街85号　邮编：475001	
	电话：0378－2825001（营销部）　网址：www.hupress.com	
排　　版	河南新华印刷集团有限公司	
印　　刷	开封智圣印务有限公司	
版　　次	2011年10月第1版	印　次　2014年1月第3次印刷
开　　本	650mm×960mm　1/16	印　张　13.25
字　　数	166千字	印　数　2001－3000册
定　　价	24.00元	

（本书如有印装质量问题，请与河南大学出版社营销部联系调换）